中国零售
折扣时代

连杰 上官易易 著

山西出版传媒集团
山西人民出版社

图书在版编目（CIP）数据

中国零售硬折扣时代／连杰，上官易易著．—太原：
山西人民出版社，2024.5
ISBN 978-7-203-13375-9

Ⅰ．①中… Ⅱ．①连…②上… Ⅲ．①零售业—经济
发展—研究—中国 Ⅳ．① F724.2

中国国家版本馆 CIP 数据核字（2024）第 086498 号

中国零售硬折扣时代

著　　者：连　杰　上官易易
责任编辑：傅晓红
复　　审：冯　昭
终　　审：梁晋华
装帧设计：郝彦红

出 版 者：山西出版传媒集团·山西人民出版社
地　　址：太原市建设南路 21 号
邮　　编：030012
发行营销：0351 - 4922220　4955996　4956039　4922127（传真）
天猫官网：https://sxrmcbs.tmall.com　电话：0351 - 4922159
E — mail：sxskcb@163.com　发行部
　　　　　sxskcb@126.com　总编室
网　　址：www.sxskcb.com

经 销 者：山西出版传媒集团·山西人民出版社
承 印 厂：山西出版传媒集团·山西新华印业有限公司

开　　本：787mm×1092mm　　1/32
印　　张：6.5
字　　数：100 千字
版　　次：2024 年 5 月　第 1 版
印　　次：2024 年 5 月　第 1 次印刷
书　　号：ISBN 978-7-203-13375-9
定　　价：46.00 元

前　言

....

　　写作本书的目的是帮助零售从业者认知硬折扣。这里的零售从业者包括为零售提供商品和供应链服务的生产厂家、经销商等。

　　自2020年之后，中国消费高增长的时代暂时落下帷幕，中国零售已经迈入主打性价比的"硬折扣时代"，并且在比较长的一个时期（10年以上）将处于这个时代。

　　根据西方的经验，只有穿越经济周期的零售企业才能真正成熟。而那些穿越了周期的零售企业，不仅在经济低谷期能够获得增长，在经济低谷期结束后，亦可持续增长。

　　硬折扣是解释我们现在所能见到的各种零售现象的一把钥匙，也是我们走向未来零售的指南针！建立对硬折扣的正确认知，是零售企业在这个时代生存发展的必要前提。

2024年春

目 录

第一章　什么是硬折扣

本章旨在阐述中国零售硬折扣化的时代背景、基本国情及核心特征，为读者观察当前的零售现象提供实用的分析框架。

第一节　中国零售外部环境的变化

零售是连通产能和消费的管道，产能情况和消费力情况构成了零售行业的外部环境。外部环境的特征，决定了零售企业的发展策略。21世纪以来，中国零售的发展可以分成两个阶段：

第一阶段：21世纪头20年，外部环境的基本特征是消费力伴随着国内经济高速增长，然而产能发展相对滞后。在这样的条件下，顾客愿意支付更多的钱去获得更好的商品和服务。对零售企业来讲，提供更有品质的零售服务，就容易获得成功。这一阶段代表性的零售企业，线下包括综合类商超永辉超市、垂类社区门店钱大妈，线上则是以阿里、京东为代表的综合类电商平台，他们看似模式各异，但都抓住了一个大方向，那就是通过汇聚，或是更深度的供应链整合，为顾客提供了品质更高、种类更丰富（包括在单一品类内更丰富）、服务更好（离顾客更近）的消费体验，同时完成了对上游供应链的培育升级。

第二阶段：2020年之后，从需求侧看，在经济增速放缓的背景下，消费增速也同步放缓；而在供给侧，经过20多年的发展，产能已经呈现相对过剩的状态，且品质不良的问题得到了基本解决。在这样的条件下，更多的顾客更在意商品的性价比。零售发展的主题就从提升品质切换到了提升性价比。这一阶段代表性的零售模式，包括社区团购、主打低价爆品的电商平台拼多多、线下折扣店等。他们的共性特点是，通过生产、供应链、零售等环节的成本优化，将节省出来的成本反哺给消费者，实现极致性价比的消费体验。本书将他们统一纳入硬折扣的讨论范围。

当下正处于两个阶段的转换期，积极换挡的企业初步享受了先发红利，取得了快速发展。还没有反应过来的企业则在存量竞争中陷入被动，业绩衰退。

第二节　硬折扣定义

硬折扣是一个外来词汇，英语是Hard discount。硬折扣的字面意思是"坚决的砍成本"，这里的砍成本并不以降低商品品质为代价，而是通过压缩各方面的成本，并以贴合成本定价的方式，为消费者提供优质低价的选择。硬折扣的实现路径主要包括（关于各项的细节描述参见后续章节）：

1.砍掉商品的品牌溢价，例如售卖自有品牌/白牌商品。

2.优化非必要的或低效的供应链环节，例如优化零供关系，减少转运次数等。

3.优化非必要的销售成本，例如降低门店成本，预售加快库存周转等。

硬折扣是一种经营理念，体现在所有的经营环节（包括采购、物流配送、销售等）都为提升性价比努力，这其中也包括积极采用更节约成本的技术替代落后的技术。其核心目标是不断追求更高的性价比，让顾客用更少的钱买到同质同量的产品。从顾客的角度，就是享受了实实在在的折扣低价。

与硬折扣相对应的词汇是软折扣，软折扣虽然也实现了低价，但可能是以牺牲商品品质为代价的，比如主打临期、过季、缺码商品等。因此，在选品、业务模式上与硬折扣存在根本的差异。软折扣模式往往面临供应链不稳定的问题，硬折扣则没有这个问题。

有很多硬折扣店以会员店命名，但会员店与硬折扣是两个概念。会员店的主要特征是识别和区分顾客；硬折扣的主要特征是通过优化成本侧，给顾客提供高性价比的商品。

比如开市客、山姆会员店只为会员提供服务，且他们通过供应链优化实现了极高的性价比，他们既是硬折扣也是会员店。需要补充的是，开市客的利润等于会员费，这个安排减少了顾客与商家的博弈，也可以视为一种成本节约。

一些量贩零售店，通过优化供应链实现了极高的性价比，但是他们并不区分顾客，所有的顾客都可以买。他们是硬折扣店，但不是会员店。

也有一些会员店，并未进行供给侧成本优化，未能给顾客提供高性价比的商品。这种店不能称之为硬折扣。

关于硬折扣在国内的呈现形式，笔者认为凡是以硬折扣为经营理念，并实现了经营成本下降、性价比明显高于竞争业态的都属于硬折扣模式，这其中包括但不限于线下硬折扣超市、线上线下相结合的社区团购平台、线上直播电商等。

提升性价比这一终极目标，不是单靠零售企业就能完成的，需要生产、供应链、零售环节的共同努力。下文讲到的零售行业三大红利，正是针对这个链条上不同环节优化的结果：白牌红利代表的主要是生产环节成本节约的结果，整车红利主要是供应链环节节约成本的结果，预售红利主要是在销售环节节约成本的结果。

第三节　硬折扣与白牌红利

我们大体可以把常见的商品分为三种类型：

大牌商品一般品质比较高（原材料及生产成本高），同时广告营销费用也比较高，所以定价就高。

杂牌商品的品质不高（生产成本低），同时没有花钱做广告，所以定价也就比较低。

本书论述的重点——白牌商品，特指品质比较高（生产成本高），但是没有花钱做广告，所以价格比较亲民。

白牌就是在商品设计、制造环节的硬折扣化改造，是硬折扣的经营思想在生产环节的体现。这里的白牌与欧美零售的"自有品牌"是类似的含义。自有品牌商品是零售企业持有品牌并主导开发的，目的也是在于为消费者提供更具性价比商品的同时，提升渠道的定价权及与大品牌博弈的能力。我国开发白牌商品的主体比较多，除了零售企业之外，还包括生产厂商、经销商、服务商等。

与大牌相比，白牌商品的突出优势是性价比高，相当于把之前大牌商品的品牌营销费用部分反哺给了消费者。由此带来的问题则是顾客对品牌的认知度低。大牌通过媒体广告解决了顾客认知的问题，白牌商品的顾客认知问题就只能留给零售环节来解决了。所以只有具备很强的影响顾客决策能力的场景才能成规模的、持续的销售白牌商品，当前已被验证的白牌售卖场景举例如下：

1.具备向顾客深度介绍商品的能力

社区团购的团长或是直播平台的主播是这一类售卖渠道的典型代表，他们能够向顾客深度介绍商品，并用自己的个人信用为产品背书。

2.具备品类优势的门店

例如量贩零食店，顾客出于对商家经营的零食品类的信任，而信任商家推荐的某些白牌零食。

3.具有低价形象的门店或平台

顾客在这些场景尝试新品的门槛比较低，所以更愿意尝试。

一个零售企业一旦掌握了卖品质白牌的能力，随着社会总的品质白牌商品数量的增加，这个零售企业的销售额也将随之水涨船高，并不需要零售企业再付出太多额外的努力。

同样的，对一个具备了生产品质白牌能力的生产企业而言，随着社会总的具备白牌售卖能力的零售企业的增多，该生产企业的业绩也将水涨船高，并不需要生产企业付出更多的努力。

上述现象，笔者称之为白牌红利。

第四节　硬折扣与整车红利

从商品流通环节来看，有越来越多的商品，能够实现从产地整车发货，直接进入零售企业的仓库，中间剔除了批发环节（如批发市场、经销商等），大幅缩短了物流链路，同时优化了流通时效。接受整车发货的零售企业，也因此获得了巨大的价格优势，这就是整车化。整车化，是硬折扣经营理念在供应链环节的体现。

产地供应商面向批发场景供货和面向零售场景供货是不同的。面向批发场景供货，产地供应商基本在装车后就不用管了，后续的商品分级、定价、分销等问题都交由批发市场解决。但是面向零售场景供货，厂家就需要自己对接不同类型的零售企业，并根据零售企业的要求做好分级、包装等，还要做好售后服务，例如产品到货后货不对版等问题就需要跟零售商一起处理解决。过去几年，团购业态训练出了一大批合格的产地整发供应商，眼下这个群体还在迅速扩大。

一个零售企业一旦掌握了售卖整车商品的能力，随着社会总的整车供应链规模的扩大，这个零售企业的销售额也将随之水涨船高，并不需要零售企业付出太多的努力。需要强调的是，整车销售是一个相对的能力，需求程度越高的商品（比如蔬菜水果），越容易实现整车。不断地扩大自己的销售能力，使得更多的商品实现整车直发，是零售企业具备整车销售能力的准确含义。

同样的，一旦一个产地供应链企业具备了支持下游开展整车零售的能力，随着社会总的具备整车能力的零售企业的增多，该供应链企业的业绩也将水涨船高，并不需要付出太多的努力。

这个现象笔者称之为整车红利。

第五节　硬折扣与预售红利

预售，顾名思义就是先接受顾客（或下游）的订单，再交付商品。周转快是预售的直接结果，而周转快同时意味着更低的销售成本。电商和社区团购，就是通过预售节省销售成本，带来更具性价比的商品供给。只是基于他们的交付方式不同，优势品类也有差异。

电商：以阿里、京东为代表的传统电商平台，基本模式是"预售+快递交付"，这种模式天然适合货值高、方便运输、快递成本（在货值中的占比）较低的商品。例如服饰，一直是淘宝的第一大类目。笔者称之为"交得起快递费的商品"。

还有大量的快消品和生鲜如果采用快递交付的话，费用过高，所以这些商品在传统电商平台的交易量不大。笔者称之为"交不起快递费的商品"，而这些商品更适配社区团购的模式。

社区团购：基本模式是"预售+自提"。顾客自提使得商家可以采用集中配送的方式交付商品，大幅降低履约成本，使得那些"交不起快递费的商品"也可以线上预售。

预售是中国零售特有的优势，这种模式创新必须在互联网高度发达的市场才能普及。从快消品零售环节的成本优化来看，预售是最高效的技术。以中国的超市为例，超市的平均库存周转天数大约在40天，如果采用预售的方式，就可以把40天变成1天，39天的成本（包括空间占用、水电煤气、损耗等）就被节约下来了。

与此同时，零售企业把大量的顾客线上化，在线上社群开展销售，本身也是销售能力的放大。假设某个超市日均到店1万人，连续5天把所有的到店顾客拉到线上社群里，可以建立5万人的顾客社群。

此后，这个超市就可以随时跟线上的5万人做生意。

一个零售企业一旦掌握了预售的能力，随着社会总的预售供应链的增加，这个零售企业的销售额也将随之水涨船高，并不需要该零售企业付出太多的努力。

同样的，一旦一个供应链企业具备了支持下游渠道开展预售的能力，随着社会总的具备预售能力的零售企业的增多，该供应链企业的业绩也将水涨船高，并不需要供应链企业付出太多的努力。

上述现象笔者称之为预售红利。

第六节　零供关系的变化

传统的商品流通渠道，开发商品的主动权掌握在上游品牌（厂家）手里。厂家定义商品和价格，经销商作为厂家意志的代表去推动落地，零售企业只能在有限的选项里选择接受或者不接受。

为了维护品牌溢价和价格体系，厂家和经销商采取了一些腐化零售商肌体、弱化零售商能力的动作，比如支付高昂的货架费用、派驻促销人员、行贿拉拢采购人员等。零售企业本应是顾客利益的代表，在这些行为的长期作用下，零售企业越来越多地体现厂家意志，远离了顾客意志。

这种做法所带来的后果，一个是商品供给与顾客的意志背离，导致大量顾客放弃传统卖场；另外一个是恶性的零供博弈，这个博弈过程基本不产生顾客价值，顾客却需要为之买单，从而进一步加速了顾客的逃离。这里零供博弈是指供应商和零售商围绕上架条件、供货价格、结款条件、售后、潜规则等事项进行斗争、妥协和协作的过程。

在硬折扣的背景下，零售商正在主动地获取商品的定义权，以实现自己作为顾客利益代理的本来定位。比如，零售商通过顾客洞察发现真实的消费需求，根据顾客需求定义好商品后，再去找厂家代工生产商品。零售企业要负责管理商品的成本结构，比如原料多少钱、生产人工多少钱、资金成本要占几个点、生产环节留几个点的利润等，并决定使用什么品牌向顾客呈现商品。

零售企业自下而上的一管到底，一方面有效代表了顾客的利益，另一方面则减少了博弈成本。

在新的关系中，零售企业从一个接受者变成了推动者，这对零售企业采购的要求就更高了。采购人员不仅要会选品，更要会"做品"，需要吃透从原料到成品的整个产业链才有可能把品做好。这其中值得关注的是，我们应该清醒地认识到与西方头部零售企业的差距。例如山姆会员店的采购人员对其负责品类的知识面及专业度要远远超过国内的零售企业。因此对于国内的零售企业而言，在自身队伍还没有达标之前，贸然地、简单粗暴地给供应商下降价指标，往往得不偿失。

传统零售的商品能力主要体现在选品和与供应商博弈上。而在硬折扣的大背景下，商品能力更重要的方向是"做品"，是从洞察顾客需求到设计商品、管理整个链条的成本和品质、完成营销的全过程能力；不仅是采销一体，而是做、采、销三位一体。

本书所指的零供关系优化，定义为零售企业和供应商调整零供关系，以减少零供博弈，更多地实现顾客价值的努力。多数情况下，零售企业是零供关系优化的主动方。

第七节　中国零售的基本国情

中国零售的基本国情与西方有很大的不同，这直接影响到两个市场的零售发展路径不同。我们在积极借鉴发达市场的同时，也要熟知二者之间的差异，避免生搬硬套或刻舟求剑。

1.零售是链接产能和消费的管道

产能和消费的情况，就是零售存在的外部环境。两端均高度分散，是中国零售外部环境的基本特征。

（1）在产能端，由于中国特色的土地政策和地方间产业竞争的制度安排，快消品的产能和供给主体是高度分散的，且这个情况是长期存在的。

（2）在消费端，中国老百姓消费的多元性、丰富性，是西方所不能比的。比如说我们有八大菜

系，极其丰富的地方性饮食、极其多元的地方特色
文化等。

每个零售管道（流通管道）能有效处理的SKU
（最小库存单位）数是确定和有限的，两端高度分
散就决定了中国零售行业的集中度远低于西方。因
为西方零售基本的外部环境是两端相对集中。

很多研究者把中国实体零售的销售规模小于西
方零售巨头的现象作为中国零售落后的一个证据。
笔者的观点是，在两端分散的外部环境下，是不可
能产生世界级的巨型零售企业的。判断中国零售先
进与否，要分析其承担商品流通职能的效率和成
本，规模不是一个必然的指标。

**2.互联网应用的高度发达，是中国零售的第二
个基础特征**

传统的电商平台，如天猫、京东是依靠PC互联
网的快速发展而发展的；拼多多是在移动互联网普
及时代崛起的；社区团购这样的业态必须在移动互

联网高度发达的地方才能发展。直播电商,则是电商平台在移动互联网时代的重大效率提升。在中国搞零售,必须充分考虑互联网的影响。

3.发展不充分不均衡的问题仍然比较突出

以地域维度看,一线城市的商品是非常丰富的,品质优良且价格合理;但是在农村市场,商品的丰富度依然比较低,由于流通过程长价格也偏高,此外假冒伪劣的情况也还没有完全杜绝。从品类维度看,服饰日百类的商品供给非常丰富,价格也更加实惠,但是酒水、茶等商品则存在终端顾客可选择的范围较小、品牌溢价(故事溢价)过高等问题。

4.实体零售的从业者受教育水平相对较低

由于中国零售的行业集中度比较低,企业主体的规模小,所以能吸引到的人才就比较有限。大部分求职者觉得零售行业是一个低端行业,到零售行业就业的意愿度比较低。人才瓶颈也决定中国零售的硬折扣之路，应该先从问题集中、可改善空间大的局部突破，边发展边积累力量，再寻求新的突破点。而不是摊大饼，机械式照搬西方市场的先进案例。

中国零售基本国情之不同，决定中国零售的硬折扣之路，以及硬折扣零售的呈现形式也与西方不同。我们不能盲目照搬西方的形态。具体而言，西方零售的硬折扣化，是大的零售企业主导的、以零售企业自有品牌为载体、通过在综合品类里精选SKU优化实现的。而中国零售的硬折扣之路，则呈现更明显的以单个品类为单元、逐个优化的特征。

第八节　品类优化和品类优势

零售企业在某一品类上，如冻品、休闲食品、水果、酒水等，形成与竞争对手明显的优势，顾客因为这个优势更愿意在该渠道购买这一品类的商品，供应商因为这个优势更愿意为该渠道供货。我们称之为品类优势。

集中精力优化一个品类，比同时优化多个品类，效率和成功率都更高。原因如下：

（1）同一品类的上游产业链和行业知识往往是集中的，工作人员集中精力在一个品类上洞察顾客需求、积累行业认知，更容易深入把握，形成专业壁垒。

（2）顾客会因为零售商的品类优势而信任品类里的商品，更容易达成交易、形成规模优势。

（3）同一品类的供应商会因为零售商的品类优势而倾斜更多的资源。

在不同的历史条件下，品类优势的表现形式也是不同的：

2010年前后，中国居民的消费力高速增长，同时产能相对落后。主要矛盾体现在顾客想活得更好、吃得更好的需求不能被很好地满足。稳定的高品质商品、更好的服务，就代表了那个时代最需要的品类优势。锅圈、钱大妈都是因为具备了这样的品类优势而获得了巨大的成功。

2020年之后，中国居民的消费增长趋缓，同时产能整体上相对过剩。主要矛盾转变为顾客需要更丰富、性价比更高的商品。量贩零食店，就因为拥有了这样的品类优势而大获成功。一般超市零食区只有数百个SKU，而量贩零食店的SKU数一千个起。且量贩零售店同质同量的商品价格要明显低于超市。

品类优化，指的是市场主体整合上下游资源实现自己的品类优势的过程。比如：量贩零食店一边在社区开店整合流量，提升购物体验；一边向工厂定制商品，提升商品品质，降低采购成本，最终形成了休闲食品的品类优势。

笔者认为，以品类为单元逐个优化，是中国零售进化的主要节奏。21世纪头20年以提升品质为主要目标的零售进化如此，2020年之后以提升性价比为主要目标的硬折扣化进程，亦将如此。

第九节　本书的主要分析框架

三大红利和两个优化，是本书分析零售行业的基本框架。

零售行业的三大红利是指预售红利、整车红利和白牌红利。两个优化是指：零供关系优化和品类优化。这五个要素都指向成本节约，都是硬折扣经营理念的体现。

笔者2023年拜会了100多个零售企业老板，发现所有处于增长趋势的零售企业都与这五个要素有关，而衰退的零售企业则大都没有抓住任何一个要素。或者说，在存量竞争的时代，零售企业要想取得增长，必须充分理解和拥抱这五个要素。

接下来，我们用这个框架分析与硬折扣相关的各种零售现象，以及硬折扣对产业链条上各类型主体的影响。

第二章 硬折扣与新的零售业态

第一节　硬折扣与直播电商

我们用三大红利两个优化的模型比较传统电商与直播电商。

1.两者都是预售

传统电商是虚拟货架的模式，直播电商是主播主动与顾客沟通。从售卖成本的角度看，直播电商的主播可以同时向成千上万的粉丝售卖，相较于传统电商的货架模式，售卖效率大幅提升。此外通过短视频主动触达顾客，则进一步放大了直播电商的优势。所以说，直播电商的售卖效率比传统电商高，对应的售卖成本就比传统电商低。

2.两者的交付形式都是快递

这一点上没有本质差别。

3.直播电商的主播可以向顾客深度地介绍商品，而传统电商没有这个功能

直播电商具备更强的白牌售卖能力。直播电商已经创造了很多白牌销售的奇迹。以美妆品类为例，诸如"海洁娅""VC"等美妆白牌在抖音上实现销售过亿。目前，无论是东方甄选、小杨哥一类的头部直播间，还是大量的工厂自播等腰尾部直播间，都在不遗余力地打造白牌爆品。

4.零供关系

从零供关系的角度，传统电商经过20多年的高速增长，堆集了大量的零供矛盾，随着增速放缓，这类矛盾会更加凸显。而直播电商平台运营时间则比较短，包袱轻。比如刷单的情况在传统电商是普遍存在的，但是在直播电商就没有太大的必要性。

5.直播电商与传统电商能做的品类是一致的，且线上不容易体现品类优势

在品类优化这个方向上，二者表现无异。

综合以上5点分析，直播电商零供博弈成本低、售卖成本低、白牌售卖能力强，且在物流成本、品类优势上不弱于传统电商，所以直播电商的商品性价比必然高于传统电商，更符合硬折扣的理念。

第二节　硬折扣与社区团购

1.关于社区团购的完整定义

在《第三种零售》里，笔者把社区团购定义为"预售+自提"。现在来看，这个定义是从需求侧（顾客视角）定义的，对供给侧（商家视角）的指导性不够。在此我们正式提出社区团购的完整定义：预售+自提+白牌+整车，也可以称之为社区团购四要素。

（1）预售即商家先收集顾客订单，再组织交付，意味着商家的库存周转极快。

（2）顾客到自提点自提，意味着商家可以集中配送，与传统电商比，就不需要走快递了。我们看到社区团购的顾客订单，几块钱的订单都可以履约，就是因为这个优势。

（3）白牌。社区团购的团长可以跟顾客深入交流商品，所以这个场景是可以售卖白牌商品、享受白牌红利的。

（4）整车。随着社区团购平台流量的放大，会有越来越多的商品从产地整车发货到社区团购平台的仓库，一次转运直接到提货点。所以社区团购可以享受整车红利。

2.资本团和地方团的区别

资本团的代表是美团优选和多多买菜，他们是依托大的资本迅速扩张全国的。地方团的代表有大庆九佰街、有井有田、知花知果等，他们是依靠创业团队一点一点成长的，业务基本聚焦在一两个地区，所以被称为地方团。

在预售和自提这两个要素上，资本团和地方团是一致的。但是在白牌和整车这两个点上，资本团和地方团是有差别的。

资本团的销售模式更接近传统电商的货架模

式，团长在销售过程中发挥的作用不大，核心职能在于末端履约。所以资本团销售的商品以大牌和杂牌为主，而很少销售白牌。对比而言，地方团的团长，基于更高的件均价及佣金水平，有更强的积极主动性跟顾客沟通商品，所以地方团销售白牌的能力很强。实际上对于绝大多数头部地方团而言，其主要利润来自白牌。

资本团的销量很大，有很多品是可以整车的。但是资本团的配送流程是供应商先送货到平台中心仓（部分品类还会多加一层，即供应商先送货至共享仓，再从共享仓入库到中心仓），再从中心仓配送到网格仓，最后从网格仓配送到自提点。这个链路比较长，所以资本团的物流成本是比较高的。在地方团，一般配送过程就是供应商发货到地方团总仓，然后直接配送到自提点。链路比较短，所以地方团享受了更大的整车红利。

基于以上分析，笔者认为，地方团是完整的社区团购模型，而资本团的模型是有缺陷的。

地方团商家也可以分成两类，一类更聚焦批发业务，把自己定位成线上预售供应链（如有井有田、九佰街），另一类更偏重零售业务（如知花知果）。从经营结果上来讲，偏供应链的商家普遍比偏零售的盈利情况好，主要原因是，目前供应链优化的空间相较于零售环节要大得多，在这个环节花更多的精力能够创造更大的价值，这与本书说的"硬折扣供给侧改革"的逻辑也是相符的。

3.社区团购的替代场景是实体超市，我们用三大红利两个优化的模型来对比二者

（1）预售：社区团购是预售，超市是现售。社区团购的库存周转明显快于超市，社区团购的流通成本明显低于超市。

（2）白牌：社区团购的团长可以跟顾客深度沟通商品，具备售卖白牌的能力；而超市售卖白牌的能力比较弱。

（3）整车：社区团购通过找团长、拉群的方式聚合流量，而超市通过开店的方式聚合流量。社区团购扩展流量的速度要远远高于超市，所以社区团购就有机会享受更多的整车红利。

（4）零供关系：社区团购对供应商的政策一般为快速上架，现金采购。而超市收取各种门槛费用，账期也比较长，零供博弈成本高。

（5）品类优势：超市的空间比较大，方便建立品类优势。但社区团购属于线上业态，受制于手机屏幕比较小，不利于建立品类优势。但是由于上述4点优势，社区团购打大单品的优势是非常明显的。

综合以上分析，社区团购的效率和成本大幅优于传统超市，决定其所售商品的性价比要远远高于传统超市。

即使与山姆、好市多这样的西方硬折扣商家比，社区团购也毫不逊色。

（1）社区团购的商品策略是在多个品类里选择

大单品，与山姆、好市多是一样的。两者都没有品类优势，都主做单品优势。

（2）社区团购预售能力强，但山姆、好市多不会搞预售。这决定社区团购的库存周转一定比山姆、好市多快，库存周转快商品更新就快。

（3）山姆、好市多通过自有品牌享受白牌红利，社区团购通过团长与顾客深度沟通商品享受白牌红利，旗鼓相当。

（4）整车：两者都能实现一次转运到终端店。

（5）零供关系：山姆、好市多都有账期，社区团购没有。社区团购更胜一筹。

虽然现在社区团购发展的时间还比较短，势力还比较弱小，但笔者判断，社区团购一定会出现越来越多超越山姆、超越好市多的商品，并最终战胜他们。

总而言之，在成本侧优化方面，社区团购模型的表现是非常卓越的。从这一点上讲，社区团购是一个比较彻底的硬折扣模型。另外，社区团购模式只有在中国这样的移动互联网应用高度发达、人口相对聚集的环境下才能产生。所以笔者认为，社区团购是有中国特色的、效率更高的硬折扣模型。

第三节　垂直品类硬折扣店

最近几年，量贩零食店是增长最快的线下零售业态。好想来、零食很忙等头部商家在短短的几年时间内突破了1000家门店，并保持着高速增长的态势。量贩零食店是硬折扣经营理念在零食品类的集中体现，所以业内也称之为零食硬折扣。

量贩零食店的目标替代场景是超市的零食区（也包括经营零食的夫妻店，这里主要以超市零食区为例）。我们用三大红利和两个优化的框架比较二者。

1.预售

两者都没有搞预售。

2.白牌

超市零食区的商品以大牌和杂牌为主，白牌很少。而量贩零食店白牌品占比较高且越来越高。用大牌做低价形象，用白牌做利润，是量贩零食店的基本策略。

3.整车

量贩零食店整车品的占比很高，即厂家把货发到量贩零食公司仓库，一次转运到达终端门店。超市的零食基本是本地供应商供货，整车占比很低。

4.零供关系

由于零食动销比较慢，超市给零食供应商结款的周期往往比较长，外加各种进场费、条码费等门槛费用，零供博弈的成本很高。而量贩零食店取消了各种门槛费用，给供应商现款结算，零供关系比较简单。

5.品类优化

截至目前，量贩零食店与超市的休闲食品区相比已经形成了明显的品类优势。首先，量贩零食店的商品丰富度远高于超市休闲食品区。量贩零食店的SKU数一千起，而超市只有几百个。其次，量贩零食店的性价比远远高于超市休闲食品区。在一些下沉市场，量贩零食店的品质也全面领先于超市休闲食品区。呈现出不仅好吃（品质好）、价格还便宜的降维竞争的优势。

聚焦在一个垂直品类深耕形成巨大的品类优势，是量贩零食店最鲜明的特点。

第一，零食的市场容量比较大，年消费量约1.3万亿；且零食成本侧可优化空间比较大，由于转运过程长、渠道加价高等问题，传统渠道零食的性价比是比较低的。这样就给硬折扣优化提供了空间。

第二，聚焦在一个品类，采购人员能更快地积累行业知识，更快地具备改造商品的能力。

第三，聚焦在一个品牌，容易形成顾客对品牌的认知，便于积累更多的C端流量。

第四，聚焦一个品类，容易形成单一供应商的采购规模，拿到更好的供货条件，或者跟更上游的供货商建立合作关系。

量贩零食店打赢了中国零售硬折扣改造的第一场战役。与零食类似的品类，如酒水、洗化、茶叶、五金等，都具备市场容量大、可改造空间大的特点。长期看，这些品类也会出现跟量贩零食店类似的模式。我们称之为垂直品类硬折扣店。

第四节　硬折扣视角看拼多多

拼多多作为近几年发展起来的最成功的电商零售平台，其崛起的背后也有硬折扣的影子。

首先，零售是链接产能和消费的管道。2015年前后，微信的用户突破10亿，同时阿里的用户只有5亿。这就意味着有5亿新上网的人尚未得到电商服务，这5亿新网民就是一股巨大的消费力量。另一方面，阿里开始主动淘汰中小商户，这意味着一大批产能在寻找新的出路。一端是巨大的产能在找出路，一端是5亿人的消费力尚未满足。拼多多瞅准这个机会，做了两个关键动作，把这两个力量汇聚到了拼多多的平台上。第一个动作是用裂变的方式，把微信用户引导到自己的平台购物；第二个动作是用补贴的方式把从阿里撤出来的商户吸引到自己的平台做生意。拼多多就这样实现了迅速的起盘。

第二，2020年之后，中国消费的增长速度已经减缓。追求性价比，变成了消费的新的主要旋律。拼多多已经建立的低价形象，很好地契合了这个阶段的顾客需求。我们可以把拼多多称为"硬折扣电商平台"。

第三，拼多多真实地提升了交易效率，降低了交易成本。以拼多多海外版Temu的交易规则为例，首先Temu的2C销售工作由平台搞，供应商不用管卖货的事情，上架后等着发货收钱就行了。销售过程就是信息交换，平台作为掌握信息最全面的一方，最适合做这个事情。抖音平台比任何一个你的朋友更了解你喜欢什么内容，同时能调动最多的内容，所以抖音做内容分发就比朋友圈推荐内容效率高。

其次Temu搞了末端物流集中。假设某海外顾客一单购买了多个商家的商品，这些商品在末端配送是集中完成的，就是多个商品一次配送到顾客手上，大幅节约了末端物流的成本。

　　综上，拼多多的成功是一系列符合零售本质、顺应趋势的零售创新构成的，其背后的零售创新策略是非常值得同业尊重的。

第三章　硬折扣与商品流通产业链

　　生产商（产品品牌商）、经销商（供应链）、零售商，是商品流通链条上的主要参与主体，本章探讨在硬折扣背景下，这几个主体如何进化以适应硬折扣的时代。

　　第一节　硬折扣与生产品牌

　　第二节　硬折扣与经销商进化

　　第三节　传统实体零售硬折扣化改造

　　第四节　中西方硬折扣之比较

第一节　硬折扣与生产品牌

生产品牌适配硬折扣的关键点有两个：一是按照白牌的逻辑设计和生产商品；二是要积极对接硬折扣渠道。

按照白牌逻辑设计和生产商品。在传统的商品营销体系中，厂家根据生产成本+营销成本+利润的方式定价，厂家做媒体广告等营销推广动作，支持较高的品牌溢价。用品牌溢价去支撑经销商和零售商的配合动作。在硬折扣的逻辑下，厂家仅需要根据生产成本+利润的方式定价。因为砍掉了营销成本，商品的性价比明显提升。

积极对接硬折扣零售渠道。白牌商品的优点是性价比高，缺点是顾客不认识。需要借助零售场景解决顾客信任才能达成销售。有很多白牌厂家，直接铺货到了传统商超卖场，发现动销很差，就是缺了这个要素。把白牌简单地丢在大牌堆里，就会被顾客认为是杂牌，这其中的关键是找到具备白牌售卖能力的零售场景。目前看起来这种零售场景主要有以下几种（包括线上及线下）：

直播电商：直播电商的主播可以详细地向顾客介绍商品，并用个人信用为商品背书，所以具备销售白牌商品的能力。需要注意的是，直播电商主要采用快递交付的形式，厂家要评估自己的商品走快递交付是否会成本过高。

私域电商：私域电商的团长可以详细地向顾客介绍商品，并用个人信用为商品背书，所以具备销售白牌商品的能力。同样需要注意的是，私域电商主要采用快递交付的形式，厂家要评估自己的商品走快递交付是否会成本过高。

社区团购：社区团购的团长可以详细地向顾客介绍商品，并为商品背书，所以具备销售白牌商品的能力。社区团购采用集中配送到提货点+顾客自提的方式交付商品，交付成本比较低，适合绝大部分快消品的情况。

品类优势明显的门店：如量贩零食店，顾客因为信任零售企业的品类而信任这个品类里的白牌商品，所以这些门店具备售卖白牌商品的能力。

具备低价形象的门店或平台：比如低价电商平台或者硬折扣店，顾客认为尝试成本比较低，或者过去有尝试成功的经验，所以也可能在这些场景购买白牌商品。

我们特别建议厂家的高管要亲自到一线拜访渠道，而不是只委派业务人员对接。在过去的"品宣+经销商+渠道落地执行"的体系下，厂家高管的主要任务是坐镇中枢盯大盘。在硬折扣渠道高速发展、快速变化的今天，指挥员则必须亲自到一线，迅速发现变化，做出反应。另外，厂家要主动洞察用户需求的变化，及时设计新的产品。这些只有高管到一线去，才能保证速度、确保落地。

关于做白牌的方法，目前已经跑通的路径是"直播—社区团购—实体店"三步走的方法。直播购物的很多大主播主要卖白牌，顾客因为信任主播而信任主播推荐的商品，同时主播可以用整块的时间给顾客讲解产品，完成用户教育。对于能够负担得起快递费的商品来说，与主播合作，是最好的路径。而大部分的快消品单价比较低，走快递交付成本过高。在这种情形下，使用落地配交付的社区团购就是最优解，而社区团购的团长同样能够承担起主播的职能完成用户教育。三步走具体展开如下：

第一步，靠主播测试商品的需求度，虽然快递交付成本高，但这个阶段以摸清市场需求为主要目标。如果测试数据不理想，就放弃。如果测试通过则进入下一步。

第二步，在区域化的社区团购渠道销售，把快递交付转换成落地配。进一步提升商品的性价比、并扩大在该区域的影响力。

第三步，在硬折扣零售渠道铺货。

目前，社区团购采购跟踪抖音新品、实体店采购跟踪当地社区团购的新品已经成为越来越普遍的选品策略，用三步走的方法做白牌的外部环境也越来越成熟。如果仅针对一个城市的市场拓展而言，可以先跟该城市的头部社区团购平台合作，获得销量并形成初步的顾客认知，再到线下的硬折扣渠道铺货。

经济学对品牌的定义是：确定的顾客预期。也就是说顾客看到这个商品，跟自己能获得的价值可以准确对应起来，就是品牌。白牌的成功靠的是性价比，以及顾客的重复消费。这样形成的顾客预期是最稳定、最持久的。

总之，硬折扣是中国中小品牌的历史性机会。中国有大量的生产企业，产品质量很好，却不会做营销宣传。这样的商品在传统渠道很难出头，但是在硬折扣渠道就有机会。笔者注意到在零售硬折扣领域，已经有一批中小生产品牌趁势崛起。随着中国零售硬折扣化改造的深入，这样的品牌会越来越多。

第二节　硬折扣与经销商进化

在硬折扣转型的大背景下，经销商要养成五种新的能力，支持下游拥抱三大红利、完成两个优化。

1.支持下游搞预售的能力

包括组织预售商品、制作预售所需的内容、按约定时间履约交付等。社区团购平台，就是围绕预售开展业务的。

2.支持下游卖白牌的能力

包括组织白牌商品，协助下游与顾客进行深度沟通，或者帮助下游形成品类优势。

3.支持下游享受整车红利

部分头部零售企业的一些大单品是可以做到在产地整车采购的，但是对于大部分中小零售企业（包括夫妻店）的大部分SKU，无法独自做到整车源头采购。这就需要经销商承担组织作用，把他们的量集合起来，进行源头整车采购，并尽可能实现一次转运到终端门店：产地—经销商周转仓—各终端零售门店。

4.支持下游形成品类优势

量贩零食店的快速发展给传统超市造成了巨大的压力，一些专业的零食集合供应链，就开始跟超市合作，整板块输出。以店中店的形式改造超市的零食区，收到了不错的效果。

5.支持下游优化零供关系

很多零售企业试图优化零供关系，把进店费、条码费、账期取消，希望经销商降价，却遭到了经销商的拒绝。经销商维护价盘的考虑是正常的，但硬折扣的趋势也不是经销商所能改变的。经销商应该稳妥、主动地作为。比如：多代理一些性价比高的中小品牌，迎合零售商提升性价比的需求。

在西方零售硬折扣化的过程中，零售企业（规模更大、集中度更高）直接向厂家定制商品，逐步弱化，甚至完全取消了经销商的作用。在中国，这种情况也会有，但是占比会比较小。主要原因如下：

中国零售高度分散的情况，是国情决定的。中小零售企业、夫妻店会长期存在。他们都需要经销商去服务。

绝大部分中小零售企业的绝大部分SKU都无法独立享受三大红利，必须有上游组织协助整合。

绝大部分中小零售的绝大部分品类，都无法独立地完成优化、无法独立地形成品类优势。

硬折扣淘汰的只是拒绝进化的经销商，相反硬折扣还会鼓励那些积极进化的经销商。社区团购平台，其实质就是进化版的经销商。他们经销厂家的商品，支持下游搞预售、卖白牌、享受整车红利，在过去几年获得了快速的发展。

需要注意的是，在硬折扣的环境下，零售与批发的界限不是完全清晰的。比如社区团购，在案例里，我们能看到有井有田、九佰街的销售对象，既有C端的顾客，更有夫妻店的店主，店主进货后陈列在门店继续零售。再比如在一些硬折扣门店里，既有大量的终端顾客消费，也有很多夫妻店去进货。

第三节　传统实体零售硬折扣化改造

1.认知问题

（1）一个常见的现象。某超市旁边开了个量贩零食店，超市零食区的销售额随即下滑近半。超市把零食区重新装修成跟量贩零食店差不多的样子，并把一些重点敏感商品价格调整得比零食店还低，但结果并不理想，客流量跟零食店还是没法比。

（2）顾客为啥不买账？"量贩零食店的东西又多又好又便宜"，这是很多顾客对量贩零食店的印象。

量贩零食店的SKU数是一千个起，而超市零食区/散称区的SKU只有几百个。

过去有大量的好零食在下沉市场/超市渠道是见不到的，但是现在在量贩零食店能见到。例如，笔者生活在北京，老家在山西的一个小县城，前些年回老家是买不到心仪的零食的，自从老家开了量贩零食店后，这种情况大为改观，对于县域消费者而言大幅优化了零食品类的购物体验。

量贩零食店渠道商品总的渠道加价率（从出厂到零售价）约百分之三十几，而这个指标在传统超市渠道至少是百分之五十（含经销商加价）。量贩零食店的商品转运过程一般是：厂家—量贩零食总部—量贩零食终端门店，链条很短；而传统超市的零食转运过程一般是：厂家到一级批发、到二级批发、到超市总仓、到超市门店，链路比较长。

正如过路费越低车越多，正因为量贩零食的链路短、流通成本低，才有更丰富的SKU能够触达下沉市场的终端。这也是量贩零食店SKU丰富的根本原因。

（3）高纬度敌人。如上分析，现在超市面对的敌人不是另外一个同纬度的超市，通过简单价格战就能搞定。眼下的这个敌人是一个更高维度的物种，具备对超市进行降维打击的优势。量贩零食店仅仅是一个开始，越来越多的硬折扣新业态将加入蚕食超市份额的队伍里。如果超市不自我革新，难免关门的结局。

一方面，我们看到很多超市有较强的危机感，积极求变以谋求自救。比如，永辉超市在抖音卖券"85元代100元，170元代200元"引流，安徽、山东等地的区域商超主流商品直接对标折扣店价格"农夫12瓶13元"等等。

另一方面，我们也能够看到这些动作有些急于求成，只是简单降价，供给侧并未做改造。绝大部分的超市还是没有认识到这个敌人的本质，把他理解为同纬度的简单的价格战了！超市自身不升维，是不可能战胜高纬度的敌人的。

2.继续用三大红利、两个优化的框架分析传统实体零售的硬折扣改造的主要任务

形成售卖白牌的能力，路径有两个：一是做

成品类优势；二是形成在线上跟顾客深度沟通的能力，这个能力跟预售是相关的。

形成预售能力，要点有二：一是把顾客社群组织起来；二是组织好预售供应链。

形成更多的整车SKU：一是已经能够整车销售的品要尽量去找源产地；二是通过线上预售放大销售能力后，有些品可以达到整车了，就要积极地去找源产地。对大部分的零售企业而言，整车其实是建设预售能力的结果。

形成品类优势。一是要集中力量在单品类上突破，不要贪多；二是积极与已经形成品类优势的供应链合作。

优化零供关系。零售企业要主动从卖货架的思维中解放出来，调整到卖商品的思路上。主动降低和取消门槛费用、账期等。对于不配合的厂家供应商，要通过引入新的同质商品、新的供应链与之博弈，最终引导他们走到硬折扣的理念上来。

以上五点是抽象的能力呈现，从具体的业务形式来看：过去的经销体系是大牌主导的，留给终端的利润空间是有限的。且这些品牌经常被竞争对手用作流量品打低价。如果零售企业不能把卖白牌的能力建设起来，利润指标就不会好。

对零售企业来讲，卖白牌的能力和搞预售的能力，是五大能力的核心。掌握这两个中的任何一个能力，都是大工程，都不容易。零售企业最好要一个一个学。

社区团购是预售+白牌。绝大多数实体零售企业的社区团购业务都失败了，就是因为要同时学两个东西。

线下的品类优势是现售+白牌。零售企业只需要学卖白牌一个新本领就可以了，就容易成功。先学会卖白牌，再去学预售，最终把两个本领融合起来。这个路径符合大部分实体零售企业的实际情况。

建立线下品类优势，最好一个一个来。综合

品类的硬折扣，对绝大部分实体零售企业来说，人力、物力、竞争的挑战都太大了。在线下做品类优势、利用线上社区做单品优势，是比较经济的做法。

第四节　中西方硬折扣之比较

本书多处讨论了中西方硬折扣的比较，本章做以梳理汇总。西方硬折扣的特征概括起来包括以下几点：（1）零售企业主导，是一场企业运动。（2）以零售企业自有品牌商品为主要载体。（3）精简SKU，实现规模采购和成本下降。

这三点在中国就有很大的不同：

首先，中国的硬折扣化进程的推动力量是非常多元的，既包括传统零售企业，也包括直播平台的主播、社区团购平台的团长，上游厂家也主动地洞察用户需求开发"硬商品"（而不是被动地等着零售企业来定制），经销商和供应链也积极参与其中。应该说中国零售的硬折扣化，是一场社会运动。

第二，西方的零售企业自有品牌和中国的商

品白牌化，其指向都是消除品牌溢价。但是中国的白牌化更加丰富，厂家、服务商、经销商、零售企业都可以拥有自己的品牌。大量的中小品牌趁势崛起，这个现象在西方是看不到的。

第三，以量贩零食店为例，其SKU数与传统超市相比非但没有精简反而是大大增加。中国的硬折扣不仅要提升商品性价比，还要解决下沉市场商品不丰富、加价过高的问题。

除了以上三点外，我们还要注意到：

第四，西方的硬折扣化主要是既有零售主体的事情，而中国的硬折扣蕴含大量的创业机会，在下沉市场搞社区团购或者品类优势门店，都是很好的个体创业机会。

第五，西方的硬折扣把经销商排除在外，而中国的硬折扣需要经销商的深度参与，前提是需要经销商升级自身能力。

第六，中国硬折扣业态的丰富程度远远超过西方。西方基本是综合品类的硬折扣超市，而中国除此之外还有垂直品类的硬折扣店、社区团购、直播电商、折扣电商（拼多多）、私域电商等。

第七，中国的硬折扣还承担着去故事化的历史使命。西方的商品经济是四百年发展起来的，消费者对商品的认知比较充分、比较理性。而中国的商品经济是四十年极速发展起来的，消费者很难在这么短的时间内充分了解大量的商品。一些商家则利用消费者的认知盲区，伪造和夸大了大量的商品故事，以说服顾客接受高价。在酒水、茶叶等品类这样的问题非常严重。笔者在一个行业会议上提出"酒就是粮食加水、茶就是树叶脱水"，号召商家去掉故事，给顾客提供真正有性价比的好产品，引发了广泛的讨论。

不同的国情决定了不同的发展道路，也决定中国零售企业不能盲目照搬西方模式。

第四章　硬折扣案例

案例一　金佰佰仓储折扣，极速增长背后的极简管理模式

1.实体零售的增长奇迹

疫情三年，给实体零售造成了巨大的困难，很多零售企业业绩下滑甚至闭店。但是天津金佰佰超市，疫情三年间，门店数从一家扩张到了一百多家，销售额突破十亿。这样的增长是在没有开展线上业务，完全靠实体门店经营取得的。同时，金佰佰也没有任何风险投资和银行贷款，完全靠自身经营现金流滚动发展。这样的案例，对于没有线上能力且融资困难的中小零售企业有很大的借鉴意义。

眼下，造成实体零售经营困难的一个重要因素是人力成本高。十个亿规模的零售企业，总部员工可能需要上百人。但是金佰佰的总部全职人员仅有

一名财务。创始人金总和施总各负责一个店，大部分时间待在店里。金佰佰的门店人力成本也很低，金总负责的东丽店年销2000万，仅有6个员工；施总负责的大寺店年销1100万，仅有3个员工。

2.以"帮助顾客省钱"为宗旨

零售企业的增长，就是用最简单的管理模式，抓住最大的趋势。管理模式复杂，就意味着管理成本高、复制难度大。背离趋势，则意味着与时代为敌、举步维艰。零售业的最大趋势就是帮助顾客省钱。

亚马逊创始人贝索斯认为，世界上有两种公司：一种是尽可能地说服客户支付一个高的利润；另一种是拼命把价格降到最低，把利润都让给消费者的公司。体现在实体零售，把购物环境搞到最好、把服务做到最佳，就意味着高成本，就意味着商品加价率高。在经济高速增长的年代，顾客的支付能力比较强，这种策略是有效的。而目前的中国，居民消费的增速已经降低，顾客的支付能力减弱，省钱就成了他们的最大需求。适度放弃一些用户体验，把商品价格做低，帮顾客省钱，这才是零售企业要把握的大趋势。而金佰佰无疑就是这么做的。

当顾客进入金佰佰的卖场后，第一感觉就是"开在室内的农村大集"：商品在地面打堆陈列，纸箱上帖着手写的价签，墙上标语是"价格回到解放前、打死不涨价"，屋顶没有吊顶，整个空间看不出什么装修过的痕迹。冬季，由于室内没有暖气，工作人员和顾客都穿着厚厚的羽绒服。与这个简陋的场景有些相悖的是，大量白领衣着的年轻人，开着车过来，把后备箱装满。

顾客进入这样的场景，第一感觉就是这里的东西应该便宜，而手写价签上的价格则确认了顾客的感觉，于是顾客的购买欲望就被激发出来了。

3.控制成本的硬功夫

一次低价不难，难的是长期低价。这要求零售企业必须有控制成本的硬功夫。金佰佰降成本的硬功夫主要有以下几招：

（1）精简商品结构，把商品管理成本降下来。金佰佰只做大包规常温标品，这类商品的储存成本、损耗、店员维护成本低。每个店员可管理上千个SKU。

不卖香烟：香烟的体积小货值高，销售香烟对安保的要求比较高，如果金佰佰销售香烟的话，就要增加安保成本，甚至门店装修成本都要提高。所以金佰佰放弃了香烟业务。

不卖生鲜等非标品：卖非标品店内就需要有人称重计量，增加人工和设备成本。

不卖低温品：低温品的日常维护和保质期管理需要的成本比较高，金佰佰就放弃了。仅在冬季卖一些标准化的冻品。部分门店有冰柜售卖水饮，主要满足逛店和路人的即时性需求。

（2）门店选址，选择好商圈的差位置，保证流量的同时把房租成本降下来。减少装修投入，降低成本的同时给顾客形成低价形象。好商圈意味着周边几公里内有足够多的消费人群，这些人群开车过来比较方便，差位置意味着停车方便、房租低。

（3）充分发挥供应商资源能力优势，减少博弈。金佰佰没有总部仓，因为供应商有仓。供应商直接把货送到门店就可以，门店打堆陈列也主要由供应商完成。如果是跨地区、多供应商的发货，就是几个供应商拼车发给门店。金佰佰没有采购人员，因为供应商对产品的了解远超过零售企业。所以选品的职责由供应商承担效率更高，金佰佰只控品、不选品。这样一方面减少了采购人工成本，也省略了供应商和采购博弈的过程。

金佰佰鼓励供应商诚实报价，优先保护现有供应商。发现报价更低的情况，先通知现有供应商，现有供应商能做就继续做，现有供应商无法跟进的情况下再考虑更换。而如果在市场上发现自己想做的新品，金佰佰并不会自己去采购，而是把商品信息交给既有合作的供应商，让供应商去做。节假日等消费高峰期，市场价格容易上涨，金佰佰鼓励供应商自己消化市场价格波动，给顾客稳定的价格预期。

给供应商现款结算，是金佰佰的"家规"，所有门店必须无条件执行，确保供应商在每个单店都能盈利。这样供应商才会配合送货、主动处理售后和滞销。

金佰佰只有一家店的时候，供应商数量是60个。金佰佰一百家店的时候，还是原来的60个供应商，这些供应商跟着金佰佰都得到了很大的发展，这其中越是长期合作的供应商收益越大。

（4）充分发挥门店能动性，减少博弈。

金佰佰要求加盟店的店长必须是老板亲自做，减少门店管理成本，同时省略了门店老板和店长博弈的过程。金佰佰为此拒绝了大量的意向加盟商。

金佰佰的供应商会直接送货到门店，金佰佰不加价，不与门店博弈进货价，同时鼓励门店不与总部博弈。从总部规定的供应商处进货，按照总部的建议零售价零售。从三年运行情况看，能听话照做的门店业绩远远好过其他门店。所以金佰佰最喜欢的加盟商是听话的小白。

（5）不跟顾客博弈。各种形式复杂的促销政策、会员制度等，在金佰佰看来就是跟顾客博弈。顾客觉得累了，不愿意博弈了，就不来了。所以金佰佰没有搞这些，就是简单地做长期低价。只挣低毛利，用厚道获得长久的流量。顾客的眼睛是雪亮的，身体是诚实的。与其去管理一个复杂的营销体系，还不如把管理营销体系的钱直接做成商品低价，对所有顾客一视同仁。

（6）用一个B2B平台承载所有总部管理职能。金佰佰的所有供应商都有老板，金佰佰所有的门店也都有老板，两者都不需要金佰佰去管。金佰佰需要管理的事项仅限于供应商与门店的交易过程。金佰佰构建了一个B2B交易平台，把管理意图体现为平台交易规则，并在发展中不断完善平台交易规则，一个庞大的零售系统，只用一两个管理人员，就运转起来了。

我们可以把金佰佰看成是一个伪装成零售企业的B2B平台，这是金佰佰实现低成本管理的核心。

4.围绕低价和不博弈构建企业文化

以下是金佰佰的使命、价值观和16条经营箴言，供参考。

使命：让每个老百姓得到真实惠。

价值观：正心、正念、正直、利他。

信任和真诚是金佰佰能走下去的基础，希望每个门店都能够领悟和遵循的箴言：

（1）发自内心的热爱。只有热爱，才会愿意不辞辛苦地付出，才能坚持下去，才会开心。

（2）简单高效的沟通。提出问题的同时也要有解决问题的建议和方法，禁止一切负能量的沟通。

（3）把打死不涨价深入到骨髓，并能够寻求方法坚持下去。

（4）我们要努力赢得客户的信任，杜绝用套路去获取信任。我们看到很多失败品牌的共性是：把老百姓当傻子，老百姓就不来了。

（5）目标明确并能够始终如一地坚持，克制欲望，保持足够的耐心，不跑偏。

（6）细节决定成败，要不断完善细节，保持开放的学习心态。

（7）货品先有后优，我们的经验是：按部就班的人会比一上来就搞优化搞创新走得更快更好；选品上精挑细选，抠数据抠成本会耗费大量的时间和精力，而不如傻傻地先把门店丰满起来后再做优化来得更有价值。

（8）我们要敢于试错，每天复盘，精进成长。

（9）我们跟供应商是鱼水关系，要公平地对待每一个供应商，他们帮助我们成长，我们也帮助他们不断改进。

（10）货款必须现结，这是家规。门店和供应商有一方不遵守，即为破坏家规，视情节严重程度将给予处罚。

（11）商业层面可讨价还价，但必须真诚。

（12）我们要遵循既信任又监督的经营之道。

（13）每个人说话要让人明白，表述要准确。团队越来越壮大，每个人的言行都要考虑是否能帮助到团队，而不是制造出一堆的问题。

（14）即使成功，也要保持节俭和谦虚，对人对事都要有敬畏之心，哪怕是一个要饭的到店里也要有发自内心的尊重。

（15）我们表面上看是在经营货品，内核是传导给大家一种经营思维，这种思维能运用到各个领域，需要刻意练习和训练，每个人成长的速度来自大家的自驱力。

（16）厚道就是流量，越厚道越有持续的流量。把品质做高把价格降到最低，把利润让给老百姓！

5.金佰佰的参考价值

金佰佰案例特别值得传统实体零售企业参考，主要集中在两点：

（1）传统实体零售对博弈成本缺乏认知：设置了庞大的采购部门跟供应商博弈，设置了复杂的KPI跟门店博弈，设置了复杂的营销体系跟顾客博弈，却计算不出自己为博弈所付出的管理成本到底有多少。

（2）绝大部分的实体零售企业对门店的认知还是把装修搞得更漂亮、把顾客服务搞得更高级。对零售企业的真正使命"给顾客省钱"，缺乏敬畏之心，从而背离了零售的大趋势。

6.用"三大红利+两个优化"的框架分析金佰佰

品类优势。金佰佰在三个品类上拥有明显的优势。首先是休闲食品，金佰佰的休闲食品SKU约3000个，三倍于一般的量贩零食店，且价格低于量贩零食店。第二是酒水，一般的烟酒店酒水陈列低于100

个SKU，而金佰佰的酒水区陈列超过300个SKU，且价格大幅低于烟酒店。第三个是茶叶，一般的茶叶专营店只有几十个SKU，而金佰佰茶叶区有上百个SKU，且价格大幅低于茶叶专营店。

零供关系。金佰佰没有专门的采购队伍，现金进货且只控品不选品。供应商有极大的自主性和灵活度。这种制度安排，极大地减少了零供博弈的可能性。这里强调一下，控品一定要控价格，要维护门店的低价形象。如果任由供应商定价的话，容易滋生短期行为，不利于长期流量的稳定。

白牌红利。顾客基于对金佰佰品类的信任，愿意尝试金佰佰推荐的白牌商品。

整车红利。金佰佰商品的转运过程为：厂家—供应商仓库—门店，属于一次转运到终端门店，所以说金佰佰享受了整车红利。

预售红利：金佰佰的门店距离社区比较远，顾客提货不方便，所以不容易开展预售。中间也尝试过，由于不提货的顾客太多，所以最终选择放弃。现在金佰佰的顾客社群，主要用作推广门店的现货商品。

案例二 九佰街社区团购，4年造就 区域零售龙头

1.九佰街速度：从零售小白到日商百万，九佰街用了4年

2019年6月，完全没有零售经验的卢总带着他的团队进入了零售领域，采用社区团购的模式，一边发展夫妻店做团长，一边从当地菜市场进货给夫妻店送过去。做得很艰难，卢总开着奔驰送菜成了当地的一个话题。

2023年6月，大庆九佰街的淡季日销已经稳定在100万以上，当地有100多家夫妻店把门头换成了"九佰街社区团购"。九佰街实际上已经成为大庆最大的零售企业。这个增长速度是在没有外部融资，完全依靠经营现金流取得的。

2.九佰街模式

（1）销售模式：预售为主。

九佰街以预售的形式开展销售，即九佰街先接到下游订单后，再向上游订货。订单一部分是顾客直接下单，还有很大的占比是夫妻店的进货订单。举例子：某个夫妻店团长在群里销售九佰街的某商品，顾客可能下单了40份，店主会再下60份。到货后，顾客自提已经订好的40份，60份在店里摆卖。

九佰街有很多长周期预售的商品，下游下单后，要一周以上才能到货。这些品的大部分订单都是夫妻店的进货订单。由于九佰街提供的商品需求程度高、定价低，很好卖。所以夫妻店就愿意多压货，也有耐心去等待交付周期比较长的商品。

（2）配送模式：整车专配。

整车专配指的是：单品产地整车发货到销地仓，这里的销地仓特指九佰街大庆的总仓。

大车对小车不落地转运，货品从大车不落地直接搬放到小车上。

小车配送到团长提货点。小车负责配送城市内一个线路上的所有提货点。

整车专配是成本最低的配送模式：从产地到提货点，商品不停留不落地、整车走。已经在成本上做到了极致，再无优化空间了。用九佰街卢总的话说，自己直接卷到底，不给竞争者卷自己的机会。笔者提出的"整车红利"，正是在参观九佰街之后获得的灵感。

（3）定价和财务模型。

九佰街商品毛利约20%，即在到仓成本的基础上加价20%（倒扣算法）定零售价。其中，夫妻店分佣约10%，仓配管理等运营成本约6%~7%，利润约3%~4%。

整车到仓+20%毛利的定价逻辑下，九佰街很多商品的零售价，比这些商品在原产地的零售价还低，以此保证了九佰街的低价形象能深入人心。

对夫妻店来说，10%的利润虽然不高，但其中有相当部分是预售给顾客的，占用门店的资源少，所以也能划得来。

（4）商品组织。

九佰街的商品有两类来源：一类是在大庆当地批发市场采购的，以蔬菜为主。平价出货，不赚利润，销售额占比也很低。第二类是从产地整车发货的品，占了九佰街销量的绝大部分。我们重点分析整车品，九佰街的整车品可分成三种。

第一种：产地水果。产地代办将水果装整车，直发到九佰街位于大庆的仓库。因为没有经过批发环节，所以这类品能比当地传统渠道便宜20%以上。

第二种：白牌商品。我们比较一下大牌商品、杂牌商品和白牌商品。大牌商品的生产成本比较高，同时要花钱投广告，所以售价比较高；杂牌品生产成本低，且不花广告费，所以零售价很便宜；白牌品的生产成本高，但是不打广告，所以零售价适中。也就是说白牌品的品质和大牌一样，但是性价比要优于大牌。白牌品的缺点是顾客不认识，需要零售商去解决顾客认知的问题。一旦这个问题解决了，白牌带给零售商的利润就要优于大牌和杂牌。

第三种：传统商超体系里的BC类商品。BC类商品由于动销慢，会占用更多的卖场资源，所以零售商加价率往往较高，且给供应商的结款账期也比较长。这导致供应商的供货价也虚高。

九佰街执行"预售+现款结算"的机制，供应商能拿到现款，所以供货价就低，九佰街加价也比较低，这样零售价的优势就比较明显了。

3.九佰街模式为什么能走通

（1）九佰街为什么能做低价？

九佰街主做的三种品都有成本下降的红利。产地整车水果节约了批发环节的成本；白牌商品节约了广告成本；BC类商品节约了门店滞留成本。本文作者称之为零售行业的三大红利：整车红利、白牌红利、预售红利。

（2）九佰街为什么能卖白牌？

零售企业卖白牌的能力跟三个要素相关：一是顾客对零售企业的高度信任；二是低价形象；三是与顾客深度沟通的能力。九佰街长期执行顾客不满意就退货的政策，使得顾客相信九佰街推荐的商品就是好商品，就有尝试的愿望。九佰街的低价策略又降低了顾客尝试的成本，这样就会有更多的顾客可能尝试。九佰街通过微信群，用种草文案、图片视频、买家秀等形式与顾客深度沟通商品，解决了顾客认知商品的问题。

（3）九佰街为什么能做预售？

首先，足够的流量。九佰街目前有接近百万的C端流量，这个流量不是一天形成的，2019年九佰街依靠赔钱卖菜积累、维护流量，前后投入上百万，才发展出了120个团长（约十万个C端顾客）。之后，持续地发展团长队伍、持续地开拓低价商品，才有了现在的流量基础。

其次，低价策略。这其中的策略核心包括合理的选品、现款现结的机制、低零售毛利。

最后，给顾客兜底。预售商品出了问题，无条件全额退款，从而塑造起预订无风险的顾客认知。

（4）九佰街怎样保持高增长？

决定九佰街业绩的有两个关键要素，一个是产地整车专配的SKU数量，一个是有效加盟点的数量。

2022年，九佰街的专配SKU数为100，加盟点数量为900。未来两到三年，九佰街的专配SKU数完全可以突破200，加盟点数量完全可以突破2000，届时九佰街年交易额将在现有基础上翻两番，达到十个亿以上。

（5）九佰街给夫妻店创造了什么价值？

首先是预售能力：单个夫妻店只依靠自身力量，预售很难搞起来。九佰街则给当地的夫妻店提供了强大的预售商品池、丰富的文案素材、系统化的线上运营方法。

其次是更好的商品结构：目前社区团购的市场规模已经到了5000亿，在这个规模下，预售模式商品流通快的优势就发挥出来，带动供应商更快地更新商品。所以社区团购的商品结构是优于线下门店的商品结构的。预售跑出来的品，放到线下比原有的商品就有更强的竞争力。

体现到九佰街的加盟门店，从九佰街进的货要比从传统经销商进的货好卖、利润更高、顾客感官更新潮。所以九佰街的货在这些门店整个货盘的占比越来越高。九佰街的一个加盟店，2022年从当地传统批发商的货盘盈利约10万元，从九佰街的货盘盈利则超过了40万。当九佰街的货成为门店（夫妻店）的主要利润来源后，换招牌就是顺理成章的事情了。目前已经有一百多家夫妻店换成了九佰街的招牌。

（6）九佰街动了谁的奶酪？

从夫妻店角度看，夫妻店跟九佰街合作后，就会逐步减少从传统批发渠道的进货量。所以九佰街替代的是批发市场的生意。从顾客的角度看，九佰街主营果蔬粮油家清日百，顾客在九佰街购物后，就会减少去超市的次数。可以理解九佰街和夫妻店联手抢了超市的生意。

4.传统零售怎样学习九佰街

九佰街值得传统零售学习的地方有很多，结合眼下实际，笔者建议先学以下三点：

首先，要学习做流量。拉起来一个基础的流量后，要持续地投喂需求度高、价格低、品质可靠的商品，才能实现流量的稳定和增长。这个过程中团长队伍的培养至关重要。

其次，要学习做预售。要动员和组织大量的供应商先报品、后配送；要给供应商快速结款。

最后，要学习卖白牌。采购白牌商品不难，难的是跟顾客深度沟通、获得顾客的深度信任。

总结起来就是：跑通预售流程，培养百名团

长，拉够十万粉丝，大量销售白牌。

5.用"三大红利+两个优化"的框架分析九佰街

（1）品类优势。线上社群主要做单品优势，所以九佰街的品类优势不明显。

（2）零供关系。九佰街的毛利相对固定，且现金采货。所以九佰街与供应商讨论的问题主要是怎么出量，这里的博弈就很小了。与金佰佰类似，九佰街对终端零售价的控制，有效维护了自己的低价形象。九佰街开展预售时，一部分是顾客直接购买的，这就把零售价定死了。团长进货的部分，九佰街也严格要求他们按照预售的零售价出货。

（3）白牌红利。九佰街销售的白牌占比比较高。

（4）整车红利。产地直采+整车交付是九佰街最鲜明的标签。

（5）预售红利。九佰街的生意全部是预售，其中既包括2C的预售，也包括2B的预售。

案例三 有井有田社区团购，12个人，年销2.5亿

2022年，有井有田的交易规模突破2.5亿，而团队仅有12人！人均销售额超2000万，这个水平的人效指标在零售行业极为罕见。

1.独特的产品工作室机制

先来看下这12个人的构成。管理支持4个人，分别是董事长王守仁抓全面，总经理陈锋管财务，客服1名，仓配经理1名。采购队伍8人，分属6个采购工作室。

工作室负责商品采销的全过程，包括选品、供应商谈判、文案素材、上架销售、订货、质控售后等。产品工作室制度，是有井有田的核心机制。

工作室拿走绝大部分的价值：每个工作室创

造的销售毛利，摊销固定成本（仓配、办公、管理等）后，工作室先拿走80%。10%用来平衡团队间的收益，由董事长分配。假设某工作室主做的品类由于季节等原因当月收入比较少，就可能从这10%里多分配一些。最后剩下的10%归公司。

工作室有招人的权限，但是工作室基本不会招人。6个工作室中有4个仅有1人。水果工作室两个人，一个跑产地，一个盯郑州万邦市场。冻品工作室两个人，一个负责海鲜水产，一个负责常规的肉类面点。

工作室负责商品采销的全过程，更准确地说是每个商品都是一个人从头跟到尾，确保商品的内部沟通成本为零，且商品关键信息不会因为内部沟通而减损。产品工作室机制，确保了有井有田处理商品的效率。

（1）专业度保障。采购人员的精力高度集中在1个品类上。

（2）可快速形成较多的可售商品。目前每天上架商品1300支左右，动销商品600多支，动销商品一半为新品。

（3）大单品培养机制。对于负责某一单品的工作室来说，加工好一个品能出更大的销量，赚钱效率更高，工作室就有发掘潜力单品的积极性，愿意在潜力单品上下功夫。对于其他工作室来说，这个大单品收益的10%是大家共同分享的，大单品带来的流量也可以惠及其他商品。所以其他工作室也乐意帮忙。形成了专人负责，大家合力出击的良好氛围。

（4）工作环节之间不博弈。由于工作室拿大头，所以就没有必要跟供应商博弈，也没有必要跟公司博弈。供应商、工作室、公司三个力量是一个方向发力，这个方向是帮助团长多卖货。

（5）如上，"现款+爆量"的预期对供应商形成了巨大的吸引力。有井有田的定制品牌虾仁，2023年周年促销创造了236万的销量。这很可能是一个行业纪录。

2.供应商关系

有了高效的商品处理流程，还必须有丰富的供应商资源才行。郑州作为全国重要的商品流通中心，为有井有田提供了便利条件。有井有田通过自己的机制设计，进一步强化了对供应商的吸引力。

（1）现款结算。2022年5月19日，有井有田上线4周年之际，创始人王守仁发表了一封公开信，宣布对所有供应商现款结算，在行业内引发了巨大的反响。

（2）带动其他团购平台销售，帮助厂家打开社区团购市场。2021年，马大姐糖果厂家刚接触到有井有田时，马大姐在社区团购渠道的销售额为0。有井有田帮助马大姐完成了商品选型、销售方案、样板市场的全过程，除了有井有田自身销售数百万之外，带动其他社区团购平台销售五千多万。一年时间，马大姐在社区团购渠道年销从0增长到6000万。

公司管理层集中精力做势能，吸引大量供应商上门；采购工作室集中精力做转化，把找上门的商品线索转化为销量。团队高度配合、高效协作。现如今，每天拜访有井有田的供应链络绎不绝。

3.超低仓配成本

好商品和低成本结合起来，就能产生更高的效率。社区团购主要的成本产生在仓配环节。王守仁经常讲的一句话是"有没有规模看流量，有没有利润看仓配"。有井有田的仓配成本仅占4.5%。在今年周年庆期间，2800平方米的仓库，每天出库金额超过200万。

（1）自建仓库+社会化物流。仓库是自建的，给团长配送的车辆司机是社会化的。每天早晨，司机到有井有田仓库提货、送货。

（2）摘果和播种相结合。大单品按箱走，小零碎按框走。大件商品在库房内按照单品整箱陈列，线路司机到仓后，推上手推车，往手推车上放箱子，属于摘果式分拣。小件商品在库房内播种式分拣，每个提货点一筐或者几筐，该线路司机到仓后，直接搬筐。

4.有井有田模式的分析

整体属于强供应链型：主要在"好商品+低成本"上发力。在团长获取和团长服务上花的精力比较少。

这个模式发挥作用的前提条件：

第一，郑州本地商品资源比较丰富；第二，有井有田的行业号召力，能吸引供应商上门，能吸引其他团购平台跟着卖；第三，一支有战斗力的采购队伍；第四，老板舍得把大头分掉，有井有田激励采购团队的方法值得同业参考。

用最高的效率组织商品，用最低的成本把商品交付给团长。把这句简单的话做到极致——这就是有井有田模式。

5.用"三大红利+两个优化"的框架分析有井有田

（1）品类优势。线上社群主要做单品优势，所以有井有田的品类优势不明显。

（2）零供关系。有井有田的工作室制度，有效减少了供应商与采购、采购与公司的博弈。

（3）白牌红利。有井有田销售的白牌占比比较高，且实现了部分商品的自有品牌化。

（4）整车红利。由于郑州是全国的商品流通中心，有井有田相当多的品从当地批发商解决，但从产地整车发货的比例也是比较高的。

（5）预售红利。有井有田的生意全部是预售，其中既包括2C的预售，也包括2B的预售。

案例四　依能，一个包装水品牌在硬折扣时代崛起的故事

笔者按：量贩零食赛道让行业认识了依能，而依能的成功跟硬折扣的时代背景是密不可分的。

1.依能速度

盘点2023年，对大部分的消费品牌都是比较艰难的。但是总部位于太原的一个叫做依能的包装水品牌，却交出了不一样的成绩单：在电商渠道，依能做到了包装水品牌综合第四名（前三名都是耳熟能详的大牌），在天然苏打水类目做到了第一（这个类目正在高速增长）；在传统批发渠道，出货量保持了两位数增长。

最大的亮点在连锁KA渠道，在与传统商超合作持续良性增长的基础上，依能用一年的时间，完成

了120个零食硬折扣渠道（业界也称为量贩零食店）的布局，2023年实现销售额1亿。由于大部分量贩零食是刚开始合作，潜力还比较大。预计2024年这个渠道销售额可以突破3亿。

在以上三驾马车的驱动下，依能管理层对2024年充满信心，"预计10个亿问题不大"，张老板肯定地说。

从2017年创业的小品牌，7年的时间跑进十亿俱乐部，依能这一路可谓逆袭。而逆袭背后的硬功夫，也不是一天练成的。

2.硬功夫的养成

在新经销主办的第一届快消品硬折扣大会上，依能总经理于金京分享了依能发现和把握零食硬折扣赛道机会的经验：产品好是基础，按照硬折扣的理念做产品，做极致性价比的爆品。依能创始人张总对好产品的定义是视觉口感俱佳、渠道有利润。张总说："营销能让顾客喝第一口，以后会不会继续买必须靠产品本身。"依能团队用30年的时间专心研究产品，形成了出爆品的能力。

在创业之初，依能确立了对渠道的"四个零"政策：0进店费、0营销费、0账期、0退货。"我们把产品做到最好，同时不与渠道博弈"，于总说。这一度给销售团队造成了巨大的压力。于总接着说："我们必须寻找跟我们价值观一致的渠道。"事后看，依能的这个政策正好暗合了传统商超硬折扣转型的需求。很多商超不满于跟大品牌合作"只抗价、不动销"的被动状态，希望找一些真正有品质的中小品牌探索新的合作模式。

在零售渠道内部管理体系中，基层的采购人员只为毛利率负责，而依能的策略要想走得通，必须跟为毛利额负责的采购总监（甚至零售渠道高管）谈才行。一般的销售人员又见不到这些人，所以于总常年在一线跑市场。

高管跑一线是品牌方在硬折扣渠道成功的关

键，因为这样可以缩短管理的反射弧，厂家可以快速发现机会和问题并迅速行动。

2022年下半年，于总发现零售硬折扣这个新渠道后，立即与董事长沟通，迅速达成了三条共识：①这个渠道符合人性必有大发展；②这个渠道跟依能的价值观高度契合；③大牌包装水对这个渠道举棋不定，给中小品牌留出了战略机遇期。基于以上三点，依能决定全力投入零食硬折扣。经过一年多的努力，依能完成了120多家零售硬折扣渠道的布局。这段时间，于总的时间基本是在出差途中度过的，遇到机会马上谈，遇到问题马上解决。如今，依能的包装水在零食硬折扣渠道已经成了"首选"甚至"必选"。

3.所有渠道都需要"硬商品"

品质优良、极致性价比的"硬商品"，不仅硬折扣渠道需要，传统渠道也需要。依能的增长不仅来自硬折扣渠道，传统渠道也在增长。

传统商超渠道，其实也是零供博弈的受害者。很多大牌把连锁商超卖场当"抗价格的形象"，再通过其他渠道出货。商超也是苦不堪言，亟待突破。通过现金采购一些"硬商品"来优化动销，增加与大牌博弈的筹码，是很多商超共同的策略。2023年，依能在某国内一线超市的单一渠道出货量达到了5000万。

夫妻店渠道，也正处于提质提效的关键阶段。用"硬商品"替代品质较差的杂牌，用更先进的经营方法赋能夫妻店，都是市场所亟需的。

4.支持客户成长，也是硬功夫

线上能力赋能线下：依能深耕的第一个渠道是电商平台，在经营电商业务的过程中形成了数字化、线上化管理业务的能力。把这套能力赋能给线下客户，效果很好。

大客户赋能小客户：依能团队在工作中及时把第一梯队客户的售卖管理经验总结出来，分享给第二梯队客户，带动第二梯队客户业绩提升；同时把第二梯队客户的售卖管理经验总结出来分享给第三梯队，带动第三梯队客户提升。

依能与渠道的关系，不再是相互博弈，而是相互服务，共同进步。

5.硬折扣是广大中小品牌逆袭的机会

中国有大量的中小厂家，会生产，不会宣传。产品质量很好，就是不太会做品牌。硬折扣渠道最需要的就是质量好性价比高的商品，对商品的知名度没有要求。中小厂家正好可以扬长避短。

另一方面，大品牌受制于自己的既得利益，为了维护主要渠道的价盘，对硬折扣渠道往往是又爱又恨，政策飘忽不定。中小厂家只要有全力以赴的决心，就能领先大厂一个身位。

中国零售的硬折扣时代已经开启，所有的时代都需要"硬商品"，而硬折扣时代则给了"硬商品"进入主流的历史机会。

依能为广大的中小消费品牌打了个样，笔者相信未来像依能一样趁硬折扣之势而起的中小品牌，会越来越多。

案例五　爱客多超市完成硬折扣改造

2024年春节前夕，济宁爱客多超市最后一家门店更名"爱特卖"，为期9个多月的硬折扣改造第一阶段完成。作为济宁零售业龙头，一口气把全部70多家传统超市门店改成硬折扣店，这是笔者所见的国内第一家！2024年2月26日，爱特卖创始人房淼接受了连杰、任文青的联合采访。

背景：爱客多超市是济宁的零售龙头企业，由房淼于2003年创立。房总在流通领域的多个环节，包括老字号品牌、代理商、零售、供应链等均有建树，且极富创新精神。2019年，社区团购业务刚兴起时，房总带领团队率先跑通了连锁店的社区团购业务模型，在全国引发了巨大的反响。连杰的《第三种零售》收录了这个案例。此番，房总又率领团队完成全国首例硬折扣化全面改造，虽在意料之外，亦在情理之中。

下文根据对话内容整理。

问题一：出于什么样的考虑开始硬折扣化改造

房总在国外看到硬折扣店型，觉得很好，就想试试。2021年就试了一把，还专门组织了采购团队派驻到郑州采品。但是内部阻力很大，且当时的传统超市业务也在增长，分不出太多精力管这个事情，就中途放弃了。2023年疫情结束后，传统超市业务下滑，抱着必须重找出路的决心又干了一把。现在可以更加确认，硬折扣改造可以说是传统超市发展的必由之路了。

连杰点评：第一把是尝鲜、试试看的心态；第二把是图自救、非干成不可的心态。

问题二：改造过程是怎么样的，结果符合预期吗

2023年5月份开始第一家店的改造，到年底完成了全部70多家店的改造，所有门店全部更名为"爱特卖"。现在看，改造后门店竞争力明显增强了。爱客多创业20年，没有敢在济宁城区之外开店，现在爱特卖已经在济宁下面的县域和乡镇开了两家店，财务指标很好。同时先完成改造的门店陆续开始盈利，尤其可喜的是门店的年轻顾客明显增多了。

连杰点评：门店的年轻顾客多了是因为门店里有了年轻人喜欢的商品。在传统的超市经营模式下，这些品是难以在货架上露面的。

问题三：硬折扣改造，遇到的主要困难

三大困难：钱的困难；人的困难，这里主要是思想转变的困难；还有就是货的困难，硬折扣供应链的组织方式跟传统零售是完全不同的。

门店搞硬折扣改造，要先把老供应商的货款全部清掉。新采购的商品，全部现金。爱客多的有利条件是其历史经营比较稳健，有一定的积累。

人的思想转变是最困难的事情。在去天津金佰佰仓储折扣学习后，把一家店的空调关掉了，这样一天可以节约300元的电费。但是门店的员工就是想不通。现在看，来店的顾客都是穿着羽绒服的，其实并不冷。门店成本降下来后，商品售价就能降下来，顾客是更喜欢的。

硬折扣需要采购做的工作跟传统超市采购的工作内容是不同的，传统超市的采购主要管供应商，在供应商提供的商品中选品并与供应商博弈。但是硬折扣，采购做的工作就增多了。要从头管到尾，包括全网找品、厂家沟通、订货、营销方案、门店落地、动销跟踪、尾货清理等。对采购人员的工作能力要求高了很多，且改变了既有的利益体系。采购人员抵触硬折扣改造，是正常的，但是必须解决。房总为推行硬折扣化采购，把采购权完全集中到自己一个人手上。亲自选品、试品、定品、定价。房总的办公室堆满了各种样品，家里的小孩也参与到了试品中。

硬折扣门店所需的商品，与传统超市有很大的不同。组织硬折扣货盘是硬折扣改造工作的重中之重。商品策略必须重新搞。

问题四：商品策略做了哪些调整

电商名品线下化是最关键的策略。很多在天猫、京东、抖音等平台卖火的商品，放到线下卖场，可以节约快递费，给到顾客更好的价格。把目标品类的商品在电商平台销量靠前的品抄下来，直接联系厂家，只要能按照最低起订量订货，供货价基本可以做到电商零售价的6折左右，即零售价比电商平台低20%左右，门店还有20%左右的毛利。这些品在年轻顾客的心中就是大牌名品，拥有众多的年轻粉丝。这就是爱客多变成爱特卖后，年轻顾客增多的原因。从规模上看，在一个地区有100家左右门店，主营品类的大部分主销商品就可以达到厂家最低起订量了。

连杰备注：房总在食品上能做到厂家直采有两个重要条件：一是房总做过食品的代理商，对这个品类很熟；二是爱客多的体量够。有的零售企业规模较小不够厂家最低起订量，或者采购团队不熟悉的品类，最好与专业的品类供应链合作。

整体来看，爱特卖的货盘主要是生鲜+食品。爱特卖保留了爱客多的生鲜经营能力。生鲜是爱特卖重要的流量保证。其生鲜的品类优势是爱客多时期多年积累所成；食品的优势主要是"电商名品线下化"策略形成的。"电商名品线下化"是线下实体店跟电商抢流量的有效策略。

连杰点评：硬折扣店要不要上生鲜？生鲜的优点是有流量，缺点是运营人工成本高。如果之前没有经营生鲜的基础，上的风险就比较大。笔者见到的案例，天津金佰佰在食品、酒水、茶三个品类上都有优势，对流量的吸引力够，不搞生鲜也可以。下沉市场的硬折扣，如商丘的汪哥折扣，也没有搞生鲜。因为县域和乡镇级别的市场，生鲜对流量的吸引力较弱。

问题五：与量贩零食店的竞争

目前爱特卖完成硬折扣改造的主要是食品，那必然与量贩零食店形成直接竞争关系。爱特卖与外来量贩零食品牌竞争有以下优势：

（1）爱特卖作为本地企业更了解本地需求，且在适应本地需求的品上，具备天然的规模采购的优势。而量贩零食店用的是全国通用的货盘，存在地域适配度低的问题，且就算发现了具体地区的具体需求，由于落在具体地区的门店不够多，也难以形成规模采购优势。

（2）本地企业的管理成本低。

（3）爱特卖有生鲜，流量更大。

（4）爱特卖可以持续增加优势品类，如日化、酒水等。但是量贩零食系统牵一发而动全身，想增加品类比较难。

连杰点评：从规模效应角度讲，如果在一个地区，密集布局100家店、深度服务100万人，就不怕跟外来的量贩零食竞争了。

问题六：社区团购的作用

爱客多的微信群有近30万粉丝，基本覆盖了济宁城区的主要消费人群，社区团购业务已经把线上顾客的购买习惯培养出来了。在跟硬折扣业务配合上，亦发挥了很大作用：

（1）清尾货。爱特卖的品是厂家直采的，不管退货，卖不了就在微信群里低价清货。这是爱特卖的独特优势。

（2）树立低价印象。如果能找到一些低价商品，就在微信群里低价卖掉，强化顾客的低价印象。

（3）品牌宣传。门店的商品同时放到微信群里卖（价格一样），用图片文案就可以把商品介绍得更详细，让顾客认识这个品。

（4）给门店导流。

连杰点评：大部分的超市都没有爱特卖的社区团购业务基础。但是在开折扣店（硬折扣改造）的同时，把顾客微信群拉起来，是完全可以做到的。只要有便宜的商品，顾客群活跃就不难。

问题七：2024年计划怎么干

主要有三件事情：

第一是"折扣味"。爱特卖门店的基础是超市，现在顾客进店会感觉仍然是个超市，没有很强的便宜的感觉。2024年在门店装修和商品陈列风格上要调整，让顾客能感知到更强的"折扣味"。

第二是更多的优势品类。现在食品上的优势已经形成了，接下来主要是持续升级。其他的品类还要跟上。比如春节前陈列了一批光瓶酒，动销不错，但是可以改进的空间还很大。今年要把平价酒水的工作做得更细一些。

第三是下沉。目前爱特卖的商品优势和店型优势已经可以支持下沉了！济宁周边的县区市场空间很大，值得拓展。拓展方式可以是收购、直营，也会考虑跟当地的零售企业合作。在三线市场组织货

113

盘，打四线市场，是好策略。

连杰点评：到下沉市场，搞品类优势。

问题八：给同业的建议

爱客多的社区团购业务不是一次成功的。爱客多在2019年做成社区团购业务之前，在电商上持续摸索和投入了5年。爱特卖的硬折扣改造也不是一次成功的，2021年的试水，虽未能拿到结果，但是积累了几条重要的经验：（1）老板不亲自带队是不行的；（2）不彻底变革供应链是不行的；（3）不形成品类优势是不行的。

传统超市要想走通硬折扣改造这条路要注意两点：（1）硬折扣改造不是备选项，而是必选项。不搞硬折扣改造，业绩就会持续下滑。（2）搞成硬折扣改造，不是简单的事情，不可能一蹴而就，必须准备足够的资源和耐心。

最后，用"三大红利+两个优化"的框架分析爱特卖：

（1）白牌红利。食品的白牌占比比较高。

（2）整车红利。直接向厂家订货的商品占比高，可以理解为享受了整车红利。

（3）预售红利。爱特卖继承了爱客多的社区团购业务，可以很好地享受预售红利。

（4）品类优势。爱特卖的食品品类优势比较明显，未来大概率还会形成其他的优势品类。

（5）零供关系。爱特卖全部执行现金采购。

第五章　研究方法和趋势分析

第一节　中国实体零售折扣化
改造浪潮开启

在需求侧，硬折扣的概念迎合了当下经济环境下顾客省钱的诉求；在供给侧，折扣化的实质是供应链、售卖成本结构的系统性优化。

1.低价零售现象

近日，盒马奥莱加快了开店速度，笔者到上海的门店看了一下，客流量非常大，跟传统超市冷清的卖场形成鲜明的对比。

而盒马整体也在2023年年中"移山战役"初见成效的基础上，于10月宣布启动"折扣化"变革。与此同时，传统商超也不甘落后，纷纷开启折扣化试点，比如永辉在超市内辟出折扣区、济宁的爱客多超市把70多家门店改造成折扣店。

中国的零售商家越来越认识到"低价"的重要性。在线上，阿里和京东面对来自拼多多的竞争，主动回归低价战略。在线下，实体店更是开启了"折扣化"浪潮。

值得注意的是，上述折扣不是临期或者尾货，而是正常日期的常规销售，业内称之为硬折扣。

2.硬折扣如何做到顾客可感知的持续低价

众所周知，即使在经济较好的情况下零售行业的利润也就2%~3%，就算零售企业把利润全部让给顾客，顾客也很难觉得是"硬折扣"。硬折扣如何做到顾客可感知的持续低价？

答案在于供给侧大幅优化成本。以下三点能带来流通成本可持续地大幅下降。

（1）商品转运次数减少。在传统零售流通链路，商品从工厂出来后，经过批发、总仓等若干环节的转运，才能到达门店终端。折扣店的很多商品链路缩短了，从工厂出来后直接进入零售企业仓，一次转运就到达终端门店。少一次转运，一般能少10%以上的成本。

（2）白牌商品占比高。白牌商品指的是没有媒体宣传费用且品质优良的商品，与之对应的是大牌商品（品质优良但是媒体宣传费用也比较高）、杂牌商品（没有媒体宣传费用但是品质差）。主要销售白牌商品是硬折扣的重要特征。不管是工厂持有的未投入媒体广告的品牌，还是零售渠道自有的品牌（零售企业一般不会为自有品牌打媒体广告），只要品质好，都可以视为白牌。以白牌为主体的商品池，由于没有广告费，性价比更高。

（3）大幅优化零售成本。在门店环节，硬折扣大幅削减了售卖成本，主要通过相对偏僻但人流不错的低租金选址、简单装修、只出售标品、减少对顾客的服务承诺等方式实现。在这一点做得比较极致的是仓储式折扣。

区分硬折扣与非硬折扣，关键在于是否优化了供给侧。临期折扣由于供给侧没有优化，所以一般被称为软折扣。而山姆会员店、好市多会员店的主要商品都是一次转运到店，且以自有品牌（白牌）为主，所以它们是硬折扣店。

3.硬折扣模式的三种类型

（1）垂直品类硬折扣。典型代表是零食集合店，如零食很忙、爱零食之类。它们针对休闲食品品类进行了供给侧优化，与周边竞争业态/对比场景（如超市/夫妻店的休闲食品区）相比：垂直品类硬折扣店形成了商品丰富度大幅提高和价格大幅降低的绝对优势。

比如，超市休闲食品区一般只有几百个SKU，而零食集合店的SKU基本1000种起，超市休闲食品区的商品经过多次转运、多次加价，价格偏高，而零食集合店的商品以一次转运为主，加价率比较低，所以零售价有明显优势。

以锅圈、钱大妈为代表的，在某一品类的供

给侧做了深度优化，同时在需求侧也做了大幅调整（钱大妈大幅提升了肉类的品质和服务，锅圈则把冻品更好地适配家庭火锅场景）。它们通过供给侧的优化，实现了成本下降，但与此同时，需求侧品质提升又额外新增了成本，所以整体而言并没有给顾客留下深刻的低价印象。

笔者预判，在冻品品类，社区团购将成为商品硬折扣化的主力军。而在水果领域，把平价水果通过一次转运完成流通的商家，包括社区团购和标果工厂，在这个领域将占有越来越大的份额。

（2）复合品类硬折扣。以正当红的天津金佰佰仓储折扣为例，金佰佰在3个品类（零食、酒水、茶叶）形成了竞争场景3倍量级的SKU数，同时价格低30%。

金佰佰的零食区有近3000个SKU，比零食集合店的1000个SKU又多了两倍，并通过做大规格把单价进一步拉低。金佰佰的酒水区有300个SKU，烟酒店或超市的酒水区SKU数不超过100个。金佰佰的茶叶区SKU数超过100个，而一般的茶叶专营店只有几十个。由于酒和茶的溢价比较高，所以很容易做到7折甚至更低的售价。

多个优势品类就能对顾客产生更大的吸引力，从而减少流量购买的成本。在线下，流量购买成本就体现在房租上。一般的垂直品类折扣店，只能开在社区或者商业街以获取足够的客流；而金佰佰就可以开在比较偏僻（便宜）的位置。笔者注意到，光顾金佰佰的顾客大都是专门为了去金佰佰购物而特意前往门店所在地，我们称之为定向流量。形成规模化的定向流量，是硬折扣经营成功的关键指标。

（3）综合品类硬折扣。在比较多的品类里精选顾客需求度比较高的单品，通过优化供应链把这些单品品质做优、价格做低。山姆会员店、好市多走的都是这个路线，国内也有众多的跟随者如盒马奥莱。

4.哪种类型更适合中国实体零售

笔者认为，做少量品类优势比做综合品类优势更适合中国实体零售的国情，主要原因有二：

（1）优化数千个大单品要比优化一个小品类困难很多，比如山姆和好市多分别花了几十年的时间才完成。而国内的盒马也是投入大量资本才把盒马奥莱所需的品优化出来。这个游戏中小零售企业根本玩不起。而相比较而言，零食集合店，我们看到一些创业团队用较少的投入就能优化出来。

另外，只有优化的水平足够高才能形成足够规模的定向流量，这就是我们看到山姆、好市多敢在很远的地方开店，而国内的商家只敢在社区开店的原因。

（2）中国消费者需求分散程度远远高于西方消费者。这决定在部分品类上，山姆、好市多短期内是做不出优势的。比如白酒，外国人很难理解为什么中国有这么多白酒品牌。

从实践上看，做品类优势的零售企业的赢利能力和发展速度也普遍优于做综合品类的商家。

通过销售白牌减少品牌溢价，通过缩短供应链减少转运次数，我们称之为零售的"双减运动"。

这个运动在西方的零售业发生过，目前正在中国大地上演。然而，二者演进路径却有所不同。

在西方，双减是企业内的运动，即大的零售企业通过自有品牌、控制上游、优化配送流程等方式完成供应链优化。在当下的中国，双减是一场社会运动，主要表现如下：

流通链条上的大量企业都参与进来，生产厂家主动进行白牌化生产，并与多个流通渠道广泛合作出货，而零售企业也大量寻求与白牌厂家的合作。以标果为代表的供应链企业把大量的水果优化成一次转运到店。

直播带货的主播销售的商品，白牌占比越来越高。

社区团购也在大量销售白牌，并把越来越多的商品实现单次转运。由于社区团购优化大单品的效率要比实体店高，所以笔者认为，综合品类的大单品优化，由社区团购完成是更合理的。目前的局面是资本团尚不具备售卖白牌的能力，地方团具备这一能力但整体势能还比较小。但是我们能明确地看到地方团沉淀大单品的速度在加快。

如果把中国零售看成一个整体，用社区团购的方式复刻优化山姆、好市多们的大单品，用品类集合店的方式搞品类优化，效率是最高的。

5.中小零售能不能靠自身的力量进化为硬折扣

零食集合店出现后，超市的休闲食品区受到很大冲击。有一些超市就把休闲食品区改造成了零食集合店一样的陈列，但发现销售额还是上不去。

硬折扣不仅是销售形式的改进，更是供应链的优化。地方性的商超，依赖当地供应商是不能形成零食集合店所需的供应链的。

下沉市场的零售企业，包括销售规模比较小的商家，财力、销售能力，都不支持它们完成折扣化改造，而必须与外部力量相结合。

规模比较大的零售企业，在实力上具备，但是思想观念的改变也不容易，需要下大决心才行。

借助外脑和外部供应链协助实体零售完成硬折扣改造，是一个非常巨大的市场。

硬折扣带来的供应链革命大潮已经开启，它将带来什么影响？笔者判断，它的影响主要有以下几点：

（1）商品品牌的溢价被挤压，靠品牌躺赢终将成为历史。

（2）经销商的空间被挤压，尤其是二级、三级经销商。

（3）产生新的、好的商品的速度大大加快，中国商品的国际竞争力快速提升，助力中国零售企业走向全世界。

总之，传统链路在解构，新的生态会孕育出来。

第二节　谁来战胜山姆

——本土硬折扣的发展策略

西方商品的硬折扣化，是企业运动，即零售企业用自有品牌定制商品，商品成功后归一家零售企业专有。中国商品的硬折扣化，更像是一个社会运动，众多参与方共同参与，共享成果。

1.两种路线

战胜山姆是诸多中国零售企业的一致愿望。

基于此形成了两种战略思路：第一种是复刻山姆，跟踪山姆的店型和热销商品，逐一复制粘贴到自己的门店；第二种是加速进化，基于现有的零售场景优化，并提升商品迭代的速度，只要迭代速度比山姆快，超过山姆就只是时间的问题。

在依靠谁的问题上，也形成了两种立场：第一种是把战胜山姆当成一个企业的事情，计划独立完成并独享胜利果实；第二种是把战胜山姆当成一场人民战争，多方推动、多方共享。

信奉复刻战略的人往往喜欢自己干，信奉第二种战略的人往往喜欢共建共享。所以我们可以把这两种战略称之为独立复刻战略、群体进化战略。

在西方硬折扣发展的过程中，零售企业的自有品牌商品逐步替代上游厂家运营的品牌商品的市场份额，且工厂直接配送到零售企业，经销商退出交易环节。这个过程主要是由大型的零售企业主导的。而中国的国情与西方不同。

2.山姆及战胜山姆的本质

以山姆为代表的，包括开市客、阿尔迪等，虽然冠以会员店、仓储店等名称，但其本质是硬折扣。表现为其所销售的商品以自有品牌为主，这些品牌没有广告预算；其采购以源头直采为主，流通过程没有经销商的参与。所以它们的商品有巨大的性价比优势。

以山姆会员店为例,其主销的SKU大约是5000个。这5000个商品不是一天形成的,事实上它们是在沃尔玛体系内的5万个(甚至更多)品种中被选拔出来,又经过数十年的供应链优化才完成的。同时,这5000个商品也不是一成不变的。顾客的购买数据随时变化,山姆会随之调整;供应链技术的不断变化,也会带来商品的变化。

所以说,山姆的5000个商品,是一个不断发展、动态领先的商品池。战胜山姆的本质,是拿出更快迭代、更加动态领先、规模更合理的商品池。

3.中国之特殊国情

美国折扣店的发展始于20世纪中叶,目前的中国与20世纪中叶的美国相比,有如下特征:

(1)两头分散的外部环境。零售企业是生产端和消费端的连接器。中国的上游生产资源高度分散,体现在最上游中国农村实行联产承包责任制,原料供给非常分散。中国的需求更加分散，体现在饮食上，中国有八大菜系，数以万计种小吃。单个零售企业能经济流通的SKU数量是有限的。上下游两头分散，决定中国的零售行业也必然是高度分散的。

（2）中国的互联网应用高度发达，线上交易是主流的零售模式。线上交易的效率是优于线下的。百货类的商品，由于其客单价高、快递费占比低，可以适用"线上交易+快递交付"的模式。

快消品，由于其客单价较低（采用快递交付成本过高），也可以适用"线上交易+顾客自提（落地配）"模式，这个模式被称为社区团购。

社区团购的最大优势是预售，其在零售环节的库存周转天数只有1天，而实体门店的库存周转天数在一个月以上，这决定社区团购商品迭代的速度要优于实体门店。

（3）中国刚刚经历了40年的高速增长，且这个增长是不充分、不均衡的。

体现在商品流通上，大量的商品存在流通链条过长（如零食）、品牌/故事溢价过高（如白酒）的问题。可优化的商品、可优化的商品流通过程是非常多的。

（4）中国实体零售自身存在的偏离零售本质的弊端。

零售的本质是用最低的成本、最高的效率完成商品流通。但是现实中，大量零售企业存在高昂的进店费、账期长、采购腐败的问题。这些问题貌似增加了零售端的利益，实则是阻碍商品高效流通的顽疾。目前越来越多的零售企业认识到了这些问题，正在积极地开展"清弊"。

（5）从竞争的角度看，山姆们的5000个强势快消SKU，是一个客观存在。在这些商品上我们暂时落后，这是我们的劣势。我们的优势在纵深大、有空中优势（互联网）。

以上国情决定：局部、局地的优化，就可以获得相对的竞争优势。我们看到一些零售企业通过削减低效SKU、理顺与供应商的关系等，实现了业绩的提升。零食集合店，通过优化休闲食品的供应链（通过销售白牌、减少转运等手段），实现了快速扩张。与之相反的是：有的零售企业并没有在供给侧做任何优化，只是不断地尝试各种店型，结果是各种店型都失败了。有的零售企业选择生鲜商品作为优化对象，发现有做不完的事情，但是业绩并没有突破。这是因为我国的生鲜流通效率已经非常高了，很难再有大的提升。

电商商品超过山姆的5000个SKU只是时间问题。电商的库存周转天数远远低于山姆，高速的商品流通必然带来高速的商品迭代，所以电商商品的迭代速度一定远远高于山姆。中国的山姆销售产品以快消为主，这一点与社区团购一致。所以社区团购的商品水平未来一定会超越山姆。目前地方团的问题是实力弱小亟须成长，资本团的问题是不会卖白牌，但是不影响趋势。目前社区团购的主销品类如冻品、烘焙、日百等，与山姆的商品结构是完全一致的。

4.推动中国商品硬折扣化的主要力量

（1）主播。过去厂家通过媒体把自己的卖点传递给顾客，现在主播也可以完成这个任务。大主播越来越喜欢销售白牌产品，因为这些产品性价比高，能提升主播的影响力。

（2）团长。团长同主播一样，可以承担引导顾客的任务。厂家原来要通过媒体告诉潜在顾客的事情，团长一样可以胜任。

（3）社区团购平台&供应链。白牌商品通过主播验证后，团购公司会接棒过来，把那些商品的交付形式从快递变为落地配，从而进一步降低转运成本。社区团购也在把一些多次转运的落地配商品优化为一次转运到店。

虽然目前市场主流认为硬折扣与社区团购是两

个赛道，但笔者认为社区团购就是加上预售翅膀的硬折扣，更体现中国特色，有更大的势能，必将是中国商品硬折扣化的主要推动者。

（4）超市改良者。通过削减传统超市的低效SKU、减少与供应商的博弈、取消账期和进店费、减少不必要的装修和服务成本等手段，提升超市的运营效率。笔者注意到，这些动作确实有效果，但是优化后的门店利润率还是3%左右，仍停留在传统超市的水平。

（5）品类优化者。品类优化的核心是在一个或者多个品类上提供比竞争场景更丰富的SKU和更低的价格。比如零食集合店的SKU在1000个以上，大幅高于超市的散称区/休闲食品区。零食集合店的商品转运路径是：厂家—零食集合店仓库—门店，传统超市零售区的商品多是经过了数级经销商的仓库。零食集合店主要销售的商品为白牌，没有品牌溢价。上述两点决定零食集合店的商品价格比超市有巨大的优势。

再比如金佰佰仓储折扣就白酒品类做了优化。金佰佰的酒水区常规陈列300个以上的SKU，一般的烟酒店酒水陈列SKU不超过100个。通过销售白牌和减少转运的方式，金佰佰的酒水做到了竞争场景7折左右的价格。

从经营结果看，品类优化的赢利能力要远远高过超市改良。

（6）山姆复刻者。这类商家又被称为综合品类硬折扣，它们精选顾客最刚需的单品（这些单品属于多个品类），对这些单品进行供应链优化。

西方商品的硬折扣化，是企业运动，即零售企业用自有品牌定制商品，商品成功后归一家零售企业专有。

中国商品的硬折扣化，更像是一个社会运动。众多参与方共同参与，共享成果。比如，直播跑出来的商品，社区团购接着用；社区团购跑出来的商品，实体店也可以用；一个商品在某个零售企业成功后，就会积极地寻求与其他同类零售企业合作。

就整体看，推动中国商品性价比提升的主要动力，在生产制造环节主要是商品去品牌溢价，笔者将之称为白牌红利；在流通环节主要是减少转运次数和参与主体，笔者将之称为整车红利（即商品在产地装车后，整车直接入零售企业库，中间不经过批发环节）；在销售环节，主要是预售带来的库存周转天数的大幅压缩，笔者称之为预售红利。

地方性社区团购平台，同时享受三大红利，目前发展快、情况好；垂直品类折扣店，享受白牌红利和整车红利两个红利，发展快、赢利好；综合品类的硬折扣，享受了部分的白牌和整车红利，但是不充分，它们的赢利情况比传统超市有改观，但是有限；传统的超市，不享受三大红利，就陷入了被享受三大红利的竞争对手瓦解的局面。再不图自新，只有关门的结局。

5.策略安排

基于以上分析，从商品竞争优势的角度看：

（1）优化特色品类比优化综合品类的单品，更容易形成竞争优势。

品类优势是中国特色的供给、中国特色的需求。山姆们短期内难以把握。做垂直品类的供应链整合要容易一些。每一个品类的头部单品都是被重点关注的，打出优势不容易。但是腰、尾部的商品就容易做。

（2）社区团购的大单品（属于综合品类）的商品水平势必会超过山姆会员店。

基于上述两个判断，"基于品类优势开门店，基于预售优势做单品"就是最有效的商品策略。各种类型的主体落实这个策略的要点如下：社区小业态要尽快引入预售业务，包括各类社区折扣店、开在社区的零食集合店等；大业态，要及时把社区团购跑出来的单品补充到自己的门店陈列；厂家和供应链要同时跟踪硬折扣店和社区团购两个赛道。

　　最后，简单复刻山姆不是一个好战略。不仅有刻舟求剑之嫌，而且容易把自己孤立起来，割裂于中国硬折扣的社会化运动之外，最终自己的进化速度可能还不如社会整体的进化速度。

第三节　论中国实体零售硬折扣
改造的策略

面对汹涌而来的硬折扣浪潮，传统实体零售（如：超市）往往形成如下三种态度：

第一种认为硬折扣就是资本烧钱，没有可持续性，静待其灭即可。笔者称之为右倾机会主义。

第二种认为硬折扣改造太难了，传统零售不可能完成，直接投降。笔者称之为右倾投降主义。

第三种认为硬折扣改造是一件非常容易的事情，只需要花很少的时间轻轻松松就能完成。笔者称之为左倾冒进主义。

右倾的风险是错失时机；左倾的风险是冒进，揠苗助长、过犹不及。

这样的问题，在任何大的历史变革期，都是非常普遍的。我们既要防右，也要防左。我们要汲取历史经验，避免这些反复出现的错误倾向，必须对硬折扣的本质、我们的历史任务、历史浪潮演进的一般规律有所认知。

首先，硬折扣是一个供给侧的系统变革。21世纪前20年的供给侧发展，主要服务于为消费者提供品质更高的商品；而现在，供给侧开始转向，之后相当长历史时期，供给侧发展的主要服务目标是为消费者提供性价比更高的商品。目标的转变，意味着整个系统所需的资源、开展工作的方法是要跟着变的。对这个问题，三个阵营的认知是千差万别的。

右倾机会主义者，往往无视这样的变化，并拒绝真正的调查研究。笔者在一个农村县城调研发现：好想来（一家零食硬折扣连锁店也被称为量贩零食店）的零食和同地区的传统超市的零食已经拉开了代际差，好想来的零食品质上明显高于传统超市，而价格又明显低于传统超市。也就是说，好想来零售的性价比，跟当地传统超市已经有了代际的优势。

在已经初步完成硬折扣改造的局部（包括局部品类、局部地区），硬折扣店通过供应链变革，帮助顾客用更少的钱获得了更好的商品；同时与竞争对手形成了巨大的优势。有这两点存在，硬折扣就不是一个昙花一现的短暂现象，而是一个生机勃勃的、有着巨大前景的主要消费场景。那些认为硬折扣随着资本退潮就会自然消亡的人可以休矣。

左倾冒进主义者，则容易把硬折扣理解为简单的降价。他们认为，自己牺牲一些毛利，同时要求供应商降价，硬折扣改造就大功告成了。笔者注意到，最近某超市要求供应商降价的政策，导致了一些性价比很好的商品供应商也没法做了，最终的结果是卖场的整体性价比没有提升，品质反而下降了。与硬折扣改造的初衷背道而驰。

这里面也暴露出一个问题，我国超市的采购人员的能力，尚不能一下就达到管理硬折扣业务的要求。从竞争的角度看，我们的采购人员能力跟山姆比，差距也是比较大的。因为降价导致性价比下滑的事情，在山姆就不会发生。因为他们的采购更懂商品。

左倾冒进主义者的普遍表现就是不顾现实条件、盲目追求过于远大的目标。完成硬折扣改造既需要我们的采购人员能力的提升，也需要我们的供应商队伍能力的提升。现有的采购人员、现有的供应商，不经历这个提升过程，就不可能拿到硬折扣的结果。需要注意的是，淘换也是提升的重要手段，因为很多人会拒绝提升。但是把所有的瓶瓶罐罐都丢掉、全部淘换，也是冒进。

右倾投降主义则是被新物种打怕了。过去十多年，超市的百货区被淘宝打掉了，家电区被京东打掉了，现在零食区又被量贩零食店打去大半。于是他们消极地认为，洗化品类、酒水品类等被敌人打掉是迟早的事情。只有生鲜（含现场制作）的阵地能守住。于是把所有的精力都投入到了生鲜提升上。给自己的借口是"生鲜占比越来越大、必须好好经营"，丝毫不顾生鲜占比大正是其他品类萎缩的结果，并且生鲜的性价比可优化的空间是很小的。

这就好比是：因为东北丢了，所以华北肯定会丢，只有西南才是自己的家。关于"华北能不能守得住"的问题，我们要客观地分析：

（1）经过电商平台十多年的挤压后，现在留在超市货架上的商品，大抵有一个共同的特点：交不起快递费。电商平台使用快递交付商品，那些快递费在货值中占比不高的商品，就逐步上线了。但也有很多商品由于物流条件苛刻、体积大、形状非标、货值低等，使用快递交付成本过高。这些商品还是依赖线下集中交付的。且目前中国的快递费已经没有再下降的空间了，这就给实体零售留出了生存空间。

（2）社区团购不需要走快递，所以那些交不起快递费的商品也可通过社区团购流通。但是社区团购依然是一个线上场景，达成销售依赖手机界面，这个界面比较小，难以形成品类优势。好想来的零食有一千多个SKU，用小包装呈现在顾客眼前，形成一个大大的零食排面，可以有效地激发顾客的购买欲。这就是我们说的品类优势。这个效果在手机屏幕上无法实现。

线上难以做品类优势，线下可以做品类优势，这就是线下实体店的有力武器。

我们要注意到，在不同的外部条件下，品类优势的内涵是不同的。在2010年前后，品类优势的要义是更高的品质与更好的服务，钱大妈、锅圈等通过在各自的领域建立这样的品类优势获得了成功。2020年之后，品类优势的要义是更丰富的SKU与更高的性价比，好想来依靠在零食品类建立这样的品类优势获得了成功。

山姆、好市多等西方硬折扣品牌，通过精选顾客、（在多个品类中）精选SKU的方式形成了较多的刚需大单品优势。但是那些没有被他们选上的人群（比如说五环外和下沉市场）也需要更高性价比的商品；那些没有被他们选上的商品（比如说有中国特色的丰富的小吃零食、白酒、茶叶、洗化等）也需要被优化。

通过以上分析，我们可以得出结论：只要我们方法得当，华北是能守得住的。且在敌人比较薄弱的局部，如：下沉市场和部分垂直品类，我们仍有巨大的发展空间。而下沉市场和品类优势，则是我们摘到桃子的关键策略。我们注意到有四类商家：

第一类是在高线市场搞硬折扣零售，但是没有搞品类优势的（或者是搞的品类优势的方向不合时宜的）。这类商家的财务表现是最差的，大面积亏损。

第二类是在高线市场搞硬折扣零售并形成了品类优势的，比如天津的金佰佰超市，其财务情况比较健康，发展也比较稳健。

第三类是在下沉市场搞硬折扣零售，但是没有形成品类优势的，其财务状况往往也比较健康，发展亦比较稳健。

第四类是在下沉市场搞硬折扣零售，且形成鲜明的品类优势的。比如量贩零食店，其财务健康且发展势头非常猛。

在下沉市场形成品类优势，是目前这个阶段的主要矛盾，是离我们最近的桃子，是最低的奋斗目标。但即使是这个较近的目标，也不是轻易就能实现的。我们回顾量贩零食店的发展历程，在"下沉市场+品类优势"的大战略下，至少做了如下正确的战术动作：

（1）选择一个空间较大的垂直品类。中国零食的年消费约1.3万亿，顾客需求高度多元化，下沉市场的零食品类少、品质差，有巨大的可优化空间。

（2）深耕。把采购人员的注意力集中到一个品类上，就能较快地掌握行业底层的知识体系。把流量汇聚到一个品类上，就能较快地形成较大的采购规模，跟更上游的商家对话。

（3）建设加盟体系，迅速汇集C端流量。

（4）在二线市场建立供应链，打三、四线市场。二线市场资源成本较低，且商品相对丰富，容易形成对三、四线市场的商品势能。

（5）形成白牌商品动销能力。边丰富商品，边巩固低价形象，边组织优质白牌供应链。

（6）优化配送过程。主要商品基本实现了从厂家到总部到门店，一次转运抵达终端，绕过了批发市场。

正是在"正确的战略指导+扎实的战术执行"双重保障下，量贩零食店才在下沉市场真正形成了品类优势：零食SKU数倍于传统超市、性价比明显高于超市（价格明显低于超市与品质明显高于超市），并依此优势取得了快速的发展。而反观目前大部分号称要搞硬折扣改造的传统零售企业，这些动作都还没有做。

纵览全章，总结如下：

（1）中国零售的折扣化改造是一个客观存在的，即已确立的趋势，我们不应该无视它。

（2）硬折扣化改造是可以被完成的，我们不必惧怕它。

（3）硬折扣化改造是一个系统化的工程，我们需要循序渐进地完成它。

（4）"下沉市场+品类优势"是眼下最重要的战略安排，也是最短的成功路径。

（5）零售企业在这个大战略的指导下，还必须落地正确的战术动作，才能摘到自己的桃子。

最后，号召中国的广大实体零售创业者：沉下心来，到下沉市场、搞品类优势！

第四节　硬折扣时代的品牌厂家发展策略

1.品牌的时代性

经济学对品牌的定义是顾客的确定预期。由于顾客是喜欢确定、厌恶风险的，这种确定的预期就可以增加顾客选择的概率。这是品牌的价值所在。

所以，不同于很多人认为只有高溢价才是品牌。笔者认为只要能形成确定的消费预期，就是品牌，就有其价值。

品牌是时代的产物。一个品牌的产生，受制同时也受益于其外部环境，包括：顾客需求、产能条件、传播媒介、流通渠道等。不同的时代，这些外部条件的特征是不同的，所产生出来的品牌的特征也必然不同。

以21世纪初的情形为例：

（1）当时我国经济高速增长，消费者的收入越来越高，其心理愿望是追求更高品质的生活。

（2）产能落后于消费力。优质商品的产能是不足的，表现为有大量的假冒伪劣商品充斥市场。所以，顾客就更愿意为确定的高品质商品支付溢价。

（3）媒介高度集中是传播环境的主要特征。当时电视台是绝对的主导媒体。

（4）销售渠道比较集中，实体零售（连锁零售）占据主要的市场份额且正在快速增长。

当时的外部环境的主要特征概括为"一个缺乏+两个集中"。在这样的外部环境下，品牌方的有效策略是"一高两占"，即：拉高溢价、巨额广告费占领电视媒体、深度分销占领终端货架，同时快速扩张产能。而只有高溢价才能支撑广告费和深度分销的投入。在这个阶段，低毛利策略是无法取得高速发展的。

2020年之后，我国零售逐步进入了"硬折扣时代"。与20年前比，这个阶段的外部环境主要特征发生了重大的变化：

（1）顾客愿望转移。随着经济增长速度放缓，消费者收入增速也随之放缓，大部分顾客的心理愿望是更高性价比的消费。

（2）产能相对过剩。经过二十多年的发展，商品产能已经相对过剩了，假冒伪劣的问题基本得到了解决。这种情况下，顾客为品质商品支付溢价的意愿就比较低了。

（3）媒介分散。在传播渠道上，手机变成了主流终端，媒介高度分散，消费者注意力高度碎片化。

（4）渠道分散。在销售渠道上，实体零售增长缓慢，电商、直播、社区团购等新渠道逐步成为主流，顾客的购物场景也碎片化了。

在"一个过剩+两个分散"背景下，"一高两占"的策略就失去了用武之地，顾客反感高溢价、没有了绝对的主导媒体、没有了可占据的主导渠道。

（5）我们还要注意到，产业链条分工的变化。

20年前，媒体解决品宣（顾客认知）的问题、渠道终端解决顾客获得的问题，两者是分开的。现在有越来越多的渠道同时可以解决顾客认知和顾客获得的问题，如直播、社区团购、硬折扣店等。

直播电商的主播可以深度地向大量的顾客介绍产品，所以能在售卖的同时完成品宣。社区团购的团长也具备同样的能力。

硬折扣店的商品性价比高、价格低，所以顾客愿意花更多的时间了解店里的商品，产品的宣传效果就比较好。

在这样的环境下，品牌厂商需要重新制定品牌发展策略。

2.四类品牌策略

我们从溢价高低、受众群体大小，把品牌策略分成四类：大众低溢价品牌，又叫国民品牌；小众高溢价品牌，这里简称高小（高端小众）品牌；小众低溢价品牌，这是我们下文重点讨论的"硬折扣品牌"；大众高溢价品牌。我们分别论述这四种情况。

（1）国民品牌。

①受众比较大，基本都是老百姓需求程度比较高的商品。

②溢价比较低，这些品牌虽然花费了巨额的宣传费用，但是平摊到其巨大的销量上，品牌溢价并不是很高。产能小的品牌做同样的商品，即使砍掉了品宣预算，也难以获得价格上的比较优势。

③需要注意的是：国民品牌基本都是在"一缺两集中"的时代，采用了"一高两占"的策略而获得成功的！离开当时的时代环境，基本不会产生国民品牌。这也意味着即已形成国民品牌，其地位是比较稳固的，新的商家很难撼动他们的地位。正如笔者言：护城河是历史的礼物。而巩固护城河的办法，是主动扩大产能和降低溢价，而不是加强价格管控体系。

（2）高小品牌。

①这些品牌服务的对象是高端小众的消费者，这些消费者的消费行为受经济环境的变化的影响比较小。所以高小品牌的抗周期能力比较强。

②市场规模比较小，大厂不会做，总产能会相对小一些。所以这类品牌反而可以比较长期地享受较高的溢价。

③由于要更深入地理解和服务顾客，高小品牌的生长速度比较缓慢，需要品牌方长期深耕，需要耐心。

④在传播和销售方式上，由于这些商品的溢价比较高，一般都能付得起快递费。应以电商为主要渠道，尤其要重视直播电商和私域电商，因为这两个渠道能同时解决品宣的问题。

笔者认为，中小品牌往这个方向走，是一个非常不错的选项。

（3）硬折扣品牌。

①溢价低，基本按照生产成本+生产利润出货，

不预算品宣费用，厂家不去花成本解决顾客认知的问题。

②品质优良且性价比高。

从上面两点可以看出，这类商品的设计理念与硬折扣零售渠道高度契合，所以笔者称之为硬折扣品牌商品。

③铺货/曝光的渠道有限，销量较小。

硬折扣品牌面临非常好的发展时机，其原因有二：硬折扣渠道已经进入高速发展的阶段，并将较长时期处于这个阶段；硬折扣渠道可以同时完成品宣和销售。

（4）高溢价大众品牌。

服务大众的商品不应该有太高的溢价。如果出现了这样的品牌，就会有国民品牌和硬折扣品牌不断地侵占其市场份额。所以说，高溢价大众品牌难以长期存在。

不排除有一些大众品牌在市场竞争不充分的情

况下取得了比较高的溢价。在市场充分竞争的硬折扣时代，这些品牌应该主动调整策略。所以可以不把"大众高溢价"作为一个单独的情况讨论。

总而言之，硬折扣时代，不利于产生新的国民品牌，不妨碍高端小众品牌的发展，有利于硬折扣品牌的发展。

3.硬折扣品牌策略的执行要点

在西方，硬折扣品牌主要是由零售企业主导的，所以又被称为（零售企业的）自有品牌。在中国，主导开发"低溢价、高性价比"的商品除了零售企业，还有生产厂家、经销商、第三方服务机构等，大牌厂家也可以利用自己的富裕产能参与其中。我们把这些符合硬折扣理念的商品都称为"硬折扣品牌商品"。开发硬折扣品牌商品的要点如下：

（1）产品设计上突出"较高品质和极致性价比"，不追求极致品质，不需要预算品宣成本。

（2）产品迭代速度要快。目前中国的硬折扣渠道的产品迭代速度明显快于传统渠道，产品方必须适应这个节奏。

（3）销售体系强调"B2B"原则。这里的B2B指的是Boss To Boss，即品牌方有决策权的高管到一线开发和服务渠道，与渠道方的高管直接对接，并根据一线情况随时做出调整。传统的基层业务员拜访渠道、高管在办公室听汇报的工作方法，适应不了目前市场快速发展的节奏。市面上有一些供销对接社群（如：宝大湿的社群森林），把大量的厂家老板和零售渠道老板放到一个群里，在群里直接开展交易，效率是很高的。

（4）在零售场景的选择上，要注意综合使用各种有力手段，如：

①使用直播电商手段，获取兴趣粉丝，测试商品被市场接受的程度。

②与地方性社区团购公司合作，定向培育一个地区的顾客，并把快递交付转变成顾客自提，降低

物流成本。

③与硬折扣店合作，实现商品的长期陈列曝光，持续影响顾客。在实体店长期陈列，对于形成品牌认知，是非常重要的。

结尾，硬折扣品牌是广大中小厂家的历史性机会。

我国有大量的中小厂家，其产能是合格的。但是建立面向传统渠道的销售体系、品宣体系的门槛过高，使得这些中小厂家无法建立自己的品牌，只能做代工。硬折扣零售的崛起，则把门槛降了下来，使得中小厂家也可以去建设属于自己的、有长期价值的品牌了。前面讲过的依能包装水的案例，就属于这个情况。

硬折扣零售是一个长期的趋势，是一个值得把握的历史性机会。现在入场做硬折扣品牌，正当其时！

第五节　零售的本质与零售企业的创新策略

1.零售的本质是节约商品流通所耗费的社会资源

这些资源包括仓储、物流、门店空间、人员薪酬、水电损耗等，也包括顾客的时间。成本是资源耗费的货币化表达。商品从生产线下来起，到达顾客的消费场景止，这个过程消耗的社会资源都可以认为是商品流通成本。

零售企业同时服务于两个成本：一个是厂家把商品跟顾客换成钱的成本；一个是顾客取得商品的成本。

如果厂家完全不在意这个成本，就可以直接拿上商品上门推销，就不需要与零售机构合作了。

如果顾客完全不在意这个成本，就可以自己跑到源头厂家购买，也就不会去店里了。

所以说：零售企业是厂家去库存成本和顾客取得商品成本的均衡点。

很多生鲜到家业务，就是由于顾客不愿意支付过高的配送费而失败的。

与成本紧密相关的是效率。零售企业同时服务于两个效率，一个是厂家（或者供应商）把商品变成现金的效率；一个是顾客取得商品的效率。

如果生产商完全不着急变现，他们就是把货放在自己手里慢慢卖，就不需要与专业的零售机构合作。

如果顾客完全不着急取得商品，顾客就可以自己到厂家购买，也不需要与零售企业打交道。

所以说：零售企业是厂家变现效率和顾客取得商品效率的均衡点。

办公室货架，就是只考虑了顾客取得商品的效率而忽视了厂家变现的效率而失败的。

体现一个零售企业流通成本的核心指标是零售

成本加价率。零售成本加价率是指零售企业为覆盖仓储门店、人员工资、水电损耗等必要的流通成本而做的加价比率。流通成本加价率越低，可流通的商品就越丰富。所以一般超市的流通成本加价率都比便利店低。流通成本加价率越高，可流通的商品种类就越少。所以传销能销售的商品基本就是保健品。如果零售企业想走用齐全的商品结构吸引顾客的路子，就要把自己的零售成本加价率降下来。

假设一家零售企业某月的进货成本为800万，零售收入为1000万，利润为50万。那么剩余的150万就是零售成本加价，这个零售企业的零售成本加价率就是15%。零售成本加价体现一个零售企业流通效率的核心指标是库存周转天数。库存周转天数表示的是商品在零售企业手上的滞留时长，这个时长与零售企业的成本息息相关。平均看，多滞留一天大约会增加货值0.5%~1%的成本。库存周转天数不仅决定了零售企业的成本，还决定了零售企业发现新的可售商品的效率。

　　零售企业在流通商品的同时，还肩负着发现新的好商品的职能。这个职能发挥得越好，零售企业的商品结构对顾客的吸引力就越大。周转快，意味着可以给新品留出更大的空间，也意味着新品可以更快地跑出数据。

　　如果零售企业想走用新品吸引顾客的路子，就要把自己库存周转天数降下来。

　　策略一定需要相应的基础能力做支撑，而这个能力一定要建立在零售的本质上。

二、推动零售发展的客观力量

　　一个零售企业的成功，一定是主观因素与客观因素共同作用的结果。零售创新的成功，既要守正，也要借势。守正就是主观上要按照零售的本质办事，借势就是要借助当时推动零售发展的主要客观力量。不同的历史条件下，这个力量是不同的，主要有以下三类：

（1）第一类，需求增长。我国有相当高比例的区域零售龙头企业是2000年前后创业的。21世纪的第一个10年，我国居民消费保持了10年的高速增长，同时电商还没有成气候，居民消费大盘增长的红利主要被实体店拿走了。在这个时期，只要敢大量开店，就能获得快速增长。大量的区域连锁店利用这个时机形成了销售规模，奠定了连锁零售的管理基础。

（2）第二类，生产能力的提升。比较典型的案例是中国的家电连锁零售品牌，如国美和苏宁。20世纪末到21世纪初，中国形成了世界上最强的家电生产能力，这为国美、苏宁提供了丰富的、价格实惠的可售商品池。如果仅仅是依靠进口，国美、苏宁的体量就会小很多。

（3）第三类，流通成本的下降。图书是第一波被搬到线上零售的商品，国外有亚马逊，国内有当当。图书在线下销售，要经过出版社到批发商到书店到顾客的过程，往往要历经数月甚至更长的时间才能完成流通。但如果放到线上完全可以从出版社直接快递给顾客，同时书的快递费也比较便宜，远远低于图书在实体渠道滞留产生的成本。线上图书零售的流通成本大幅低于实体书店，在这样的背景下，图书线上零售的生意迅速发展，而被它替代的业态——实体书店则快速萎缩。

3.科学制定发展策略

进入21世纪以来，中国零售行业面临的外部环境的变化是飞快的。零售企业的决策者为了适应这种变化，进行了轰轰烈烈的创新。这些创新行为，有的成功了，但大部分失败了。也就是说，零售企业关于创新策略的决策，大部分是错误的。分析这些决策成败背后的原因，笔者认为零售决策者的三个方面的认知是至关重要的。

第一，要遵循零售的本质！那些偏离零售本质的创新，是不可能成功的，而符合零售本质的创新，成功是时间和时机的问题。

第二，当前的历史条件下，推动零售行业发展的主要客观力量是什么？事物的大发展必须在客观有利之时。这个有利的客观条件，就是推动事物发展的主要客观力量。如果能识别和利用这个力量，就能事半功倍。如果不能使用这个力量，就会成为这个力量的敌人，因为竞争对手会使用这个力量。

第三，用两个标准分析自己的各项经营策略：是否符合零售的本质，是否借助了推动行业发展的主要客观力量。

最优策略：符合零售的本质，且能借助主要客观力量的策略，这类策略要全力以赴地执行。

次优策略：符合零售的本质，但不能借助主要客观力量的策略，这类策略要择机启动，长期稳步推进。

鸡肋策略：不符合零售的本质，但能借助主要客观力量的策略，这类策略只能做权宜之计。

　　劣等策略：不符合零售的本质，也不能借助主要客观力量的策略，这类策略要立即止损。

第六节　规模在零售创新中的作用

本书所提到的零售行业的三大红利、零供关系优化、品类优势等都是在一定规模的前提下才能发挥作用的。但是零售决策者也要清楚：单靠规模优势，成就不了零售品牌！

这几年很多零售老板在探索新的门店模式，他们心里的算盘是：先把样板店搞到盈利，再通过复制扩大规模，靠规模优势取得成功。笔者在此提示大家：这条路是走不通的！

品牌零售的成功要素有三个：需求增长优势、成本下降优势、规模优势。

需求增长：我国2000年后，社会居民消费保持了20年的高速增长期，很多零售企业在这个时期趁势崛起。

成本优势：阿里、京东的经营成本大幅低于线下的百货店、电子城。这帮助他们从线下抢到了大量的顾客。

规模优势：零售企业的销售规模扩大后，可以用更低的成本采购商品，经营成本也有可能被摊薄。

需求增长优势、成本优势属于客观优势，规模优势是企业运营的结果，属于主观优势。大的发展，必须在客观有利之时。

连锁零售的大发展，主要是在2000年到2010年进行的，这个时期中国居民消费的快速增长就是客观有利，零售企业的努力就是主观有利。笔者发现大量的区域连锁零售龙头企业都是2000年前后开始创业的。

电商平台的大发展，主要是在2010年到2020年进行的，电商相较于实体零售的成本优势就是客观条件，阿里、京东们的自身努力就是主观条件。

只有主观条件和客观条件结合起来，才能形成足够强的发展驱动力。

这两个条件都具备的情况下，企业经营指标上的体现就是较高的利润率。所以步步高品牌创始人段永平认为，只有净利润率高的企业才可能有长期价值。

根据以上分析：一个样板店微利，开到100家也不可能暴利，大概率是要再面对99种不同的情况，经营成本抬升，导致亏损。

所以，目前市场上的很多新型店，只要是没有把预售占比做起来，同时也没有明确的品类优势的，都是没有成本优势的，而需求优势已经不存在了。所以这些店不具备大发展所需的客观条件，前景都不看好。

在需求增长的优势消失的情况下，目前中国零售成本下降的点主要有三个：如果做线上，就看你的产品能不能交得起快递费。如果你的产品能交得起快递费，就好好做短视频直播，如果你的产品交不起快递费，就好好做社区团购。如果要开线下店，就一定要有明确的品类优势。

第七节　如何分析新的零售业态

互联网技术在零售领域的应用，产生了很多新的零售业态。我们要分析一个新的零售业态要分两步：

第一步是要找到与之对应的老业态，有对应关系的新老业态指向的顾客需求是一致的，新的业态的目标是取代老业态。

第二步是从效率、成本、成本构成三个角度分析新业态的竞争力。

首先是效率。

零售的社会功能是商品流通，其效率体现为商品流通的速度。从微观上来讲，就是从零售企业收到供应商的货开始到顾客把这个货拿走为止，一共花了多长时间。用专业名词讲叫平均库存周转天数。好市多宣称自己的平均库存周转天数是29天，代表了一个很高的水平。国内的零售企业大部分在一个多月的水平。互联网把商品信息搬到了线上，使得大规模的预售成为可能。现售是货等人（顾客）、预售是人等货。眼下，推动流通效率提升的主要动力就是预售，大规模地采用预售，流通效率的提升就是质变；不大规模采用预售，流通销售的提升只能是通过精细化运营实现一点量变。

其次是成本。

零售的成本就是商品在零售商手上时间段内总的耗费支出，包括空间租金、人员工资、水电煤气、商品损耗等，实体零售的成本大约是货值的20%左右。

最后是成本构成。

成本构成的改变程度决定了新的商家在获得关键生产资源上与老商家竞争的难易程度，这对新的竞争者至关重要。衣服放在电商平台卖和放在商场卖的成本构成完全不同，在电商平台卖的主要成本是网站维护成本和快递费；而在商场卖主要成本是场租。成本构成变化了，意味着新的竞争者不需要跟老业态去争夺门店资源。比如阿里巴巴就不需要为租不到好地段的卖场发愁。

如果成本结构没有变或者变化很小，则意味着新的竞争者必须跟既有商家争夺有限的资源，意味着新商家的扩张速度不会太快。我们注意到便利蜂的信息化做得很好，库存周转率明显优于传统的便利店，但是房租依然是便利蜂的主要成本。这意味着便利蜂在扩张时必须跟传统的便利店抢金边银角的位置，而这些位置基本已经被老的商家占完了。所以便利蜂的扩张就不会太快。

成本构成的变化度也是一个烧钱指标，变化越大，烧钱越有效。社区团购的成本构成主要是仓和配，不依赖实体卖场，线上巨头用几百亿烧出了一个几千亿的市场。而苏宁小店也烧了不少钱，烧完了也就完了。

与旧的对比业态相比，那些效率提升大、成本下降多、成本构成变化大的新业态，就率先发展，发展得比较好；那些效率提升不大、成本下降不明显、成本构成变化不大的新业态就发展得不太好，甚至是昙花一现。我们逐个来看一下：

第一，快递电商。

以淘宝、京东为代表的传统电商主要用快递完成履约，所以我们称之为快递电商。快递电商流通的商品要能负担得起快递费。我们引入一个指标，快递费比=快递费/货值。这个指标越低，越适合快递电商，越高越不适合。比如一件价值200元的衣服从义乌快递到北京，快递费4块钱，快递费比就是2%；一棵价值5元的白菜从山东快递到北京，快递费需要20元，快递费比就过高了。我们要注意到不同重量、体积、配送环境要求的商品，快递费是不同的。

能负担得起快递费的商品如衣服、化妆品、电子产品等，在传统零售中一般被归类到百货。所以快递电商对应的老业态是百货店。随着快递电商的发展，大量的百货店倒闭了。在北京，随着京东的崛起，中关村电子街就转型了。

从效率看。快递电商大规模地采用了预售的模式。以服装为例，如果走线下批发零售，从厂家到批发商到零售商到顾客，大概需要两三个月。而走电商，从厂家发货到顾客收货，只需要两三天，效率提升了30倍。

从成本看，依然以服装为例，线下零售环节的门店成本比较大，所以服装要加价几倍才能卖。而走电商，主要成本是快递费，百分之几就够了。从厂家的角度，要从平台买流量，所以很多人把卖流量的钱也算到流通成本里。从整个流通链条看，厂家给平台的流量费，转化成了平台的收入，这个收入扣除平台运营成本外，剩下的部分是利润，这个利润是不能算在整个流通成本里的。由于电商平台的利润率比较高，所以不能简单地把厂家给平台买流量的钱算作流通成本。

从成本构成看，百货店主要的成本开支是门店，而电商主要的成本是快递和网站运维。这意味着电商平台不用跟百货店竞争好地段的商业房，自己埋头搞快递网络就行。百货店也无法利用自己占有的门店优势去阻击电商平台。

综上，在百货流通上，快递电商与百货店比，效率高、成本低、成本构成变化大，最容易完成替代。过去二十多年快递电商的高速发展，以及百货店的大规模倒闭，证实了这一点。

补充：直播电商。

我们注意到，直播电商主要是通过快递完成交付的，且直播电商的成本构成也是网站运维和快递。所以目前直播电商仍属于快递电商的范畴。相较于传统的快递电商，直播电商在组织顾客购买的效率上有了改进。在传统电商，一个客服人员只能面向很少的顾客开展营销；在直播电商，主播可以同时面向数十万数百万的顾客开展营销。

第二，社区团购。

为了展开这个话题，我们引入一个新的商品分类方法。顾客购物后存在家里慢慢用的称为计划性消费，顾客购物后马上吃掉用掉的称为即时性消费。快递电商销售的是计划性消费品。

社区团购的基础特征是"预售+自提"，预售意味着顾客要延迟1天左右才能取得商品，所以对应的顾客消费是计划性的而非即时性的。自提意味着商家可以集中配送，不用走快递包裹。意味着在交不起快递费的商品上，社区团购比传统电商有更大的竞争优势。总而言之，社区团购适合流通的商品是交不起快递费的计划性消费品。所以，社区团购对应的老场景是实体超市。与实体超市相比，社区团购的表现如下：

效率明显提升：社区团购通过采用预售模式把库存周转天数降到了1天，明显优于超市1个多月的周转效率。

成本：超市的流通成本约20%。资本平台目前的成本大概是仓配成本十几个点、团长佣金5到10个点、管理成本5到10个点。也就是说目前资本团在成本上并无明显优势，需要靠补贴才能做出价格优势。但从长期看，通过精细化运营，点效高了后，可以把网格仓的成本省掉、团长佣金也会逐步降低。这两块优化后，资本团的成本优势才能真正体现出来。笔者认为，社区团购的流通成本能控制到10%以内。连锁实体店自营社区团购业务的成本优势非常明显，但是在内部管理上需要突破的地方比较多，需要老板有胆识、有决心。

成本构成：实体超市的成本构成是租金、工资、水电等，社区团购的主要成本构成是仓和配。社区团购平台不需要跟超市去抢好地段的物业，租个仓库就能干，所以扩张的速度会比较快。换言之就是烧钱会比较有效，这也给资本无序扩张提供了可能性。

第三，即时到家零售。

以美团闪购仓为代表的即时到家零售为例，顾客在线上下单后，商家半小时左右给顾客送货上门。即时到家对应的老业态是便利店，主要满足顾客即吃即用的需求。与实体便利店相比，即时到家的表现如下：

效率：闪购仓由于要向顾客即时交付商品，所以无法采用预售的模式。但闪购仓的优点是可以精准备货，由于用户的购买过程被完整地数据化了，所以商家可以比较精准地预测动销数据，并进行精准备货。实体便利店的库存周转天数是三十多天，闪购仓完全可以做到一周，流通效率是有明显提升的。读者要注意：精准备货是大数据的应用，属于精细化运营带来的经营改善，是量变，不是质变。

成本：便利店的整体成本大约在25%左右，闪购仓的空间成本比较低，但配送成本是比较高的。便利店的客单价十几块钱，配送成本专单配送在七八块钱左右，拼单的话也要三四块钱左右，交付费比超过20%。我们可以肯定地说，闪购仓和实体便利店比没有成本优势。另外，拼单配送的能力只有美团、饿了么具备，其他人做亏得更厉害。传统便利店，既没有线上流量优势，也没有配送成本优势，暂时不具备自营这个业务的条件。

成本构成：闪购仓的主要固定资产投入是仓，且对仓的地段要求较低，不需要跟便利店抢金边银角的资源，所以只要肯烧钱，扩张速度会比较快。但是目前资本市场不太好，美团不具备大规模烧钱的条件。并且，即使大规模烧钱，闪购仓也不可能比实体便利店有长期的成本优势，注定不会是一个大场景。这一点跟社区团购是不同的。短期烧钱有用没用看的是成本构成，长期能不能站住脚看的是总成本有没有优势。

还有一点需要注意，便利店的两大块利润来

181

源：现场自制食品（关东煮、烤肠等）、香烟，在线上是展不开手脚的。没有这两块，绝大多数的便利店都无法存活。

第四，无人便利店。

无人便利店对应的老业态是有人值守的便利店。比较表现如下：

效率没有提升：无法采用预售模式。

成本没有下降：人工支出少了，但是需要现场制作的商品不能卖了，固定资产投入也增加了，总体成本没有优化。

成本构成变化不大：依然要租好地段的房子。

以上决定，无人便利店短期内烧钱也没有规模，长期在经济上亦不能成立。

第五，会员店。

会员店与非会员店相比：

效率变化不大，没有预售加持。

成本变化不大。

成本构成没有变化。

也就是说，会员店与非会员店在模式上并无差别，其经营结果的差别主要是由其运营水平决定的，或者说是由其供应链的优劣决定的。好市多、山姆会员店的成功基本上是全球顶尖的自有供应链的外在表现，只不过是披了一个会员店的外衣。

如果把会员作为一种增加顾客购买频次的手段，这个办法在超市要比在便利店更有效。如上文所述，超市是计划性购物的场景，顾客考虑价格因素要多一些；便利店是即时性购物场景，顾客主要考虑时间的成本。所以会员店的商品结构与超市是一样的。

第六，生鲜电商。

生鲜电商对应的老业态是超市的生鲜区或者菜市场。与之相比，生鲜电商表现如下：

效率没有提升。生鲜在线下流通的速度本来就很快，在零售环节蔬菜基本上当天售空，水果也就两三天卖完。放到线上，需要的也是一两天时间，所以流通效率没有提升。

成本没有降低。线下主要是空间+人工+损耗，线上主要是网站运维+仓+快递费。由于生鲜货值低、非标、在运输环境不易保存等特点，大部分的生鲜是负担不起快递费的。所以生鲜电商无法降低生鲜的流通成本。

成本构成变化大。做生鲜电商不需要门店，只需要仓。成本构成变化了，所以烧钱有效。

总而言之，与菜市场相比生鲜电商的成本构成变化了，所以短期内通过烧钱可以把交易量做大；但由于效率没有提升、成本没有下降，所以长期无法立足。那种认为"电商得生鲜者得天下"的观点，只考虑了需求侧，没有考虑成本侧的实际情况。

最后，写这篇文章的目标是两个。

一个是希望实体店老板对当下的零售行业的变革有一个整体的认知，在可能导致质变的领域投入足够的兵力、保持足够的耐心；对昙花一现的伪创新或者不适合自己的模式保持足够的战略定力。

第二个目标是给行业观察者一个基础的分析框架。效率、成本、竞争是经济学最底层的基石，任何新概念不能在这三个点上找到支撑，都是伪概念。希望各类媒体能少一些"从现象到想象"的表层判断，少造一些华而不实的概念；多一些理性、务实的声音，给低头做事的从业者有建设性的指导。

第八节　社区团购三个发展阶段的划分

社区团购是一个典型的流通业态，其承担的社会职能是把商品从产地、工厂流通到顾客手上。

决定一个流通业态发展的主要因素有三个：第一是流量因素，即多少顾客愿意在这个流通场景购物。第二是生产因素，即有多少厂家愿意为这个渠道生产商品。第三是流通因素，包括流通效率和流通成本，流通效率即这个流通业态是花了多长时间完成了从工厂到顾客手上的过程；流通成本是指在流通过程中花了多少成本，包括物流、仓储、人工、损耗等。其中第一点和第二点是外因，第三点是内因。外因可以影响事物的发展过程，但内因是决定因素。

作为一个更有效的流通技术，社区团购的普及是经济规律的必然。但这个普及的过程绝不是一帆风顺、一蹴而成的。参照互联网的普及过程，在2000年前后也经历了互联网经济泡沫破裂的时期。

不同的时间段内推动社区团购普及的主要力量是不同的。我们把社区团购发展划分为三个阶段，第一阶段是流量推动阶段，第二阶段是流通推动阶段，第三阶段是生产推动阶段。当然我们这里说的是主要力量不是全部力量。流通场景是商品、成本、效率、流量在某一个点上达到相对均衡的状态，上述的因素都要发挥作用，而在不同的历史阶段，发挥主要作用的因素是不同的。

阶段	主要力量	时间	流通效率	流通成本	交易规模
第一阶段	流量增加	2015—2021	部分从70天到40天	50%	三千亿
第二阶段	零售环节的成本降低和效率提升	2022—2027	更大部分从70天到40天	降低10%以上	一万亿
第三阶段	生产商的效率提升和成本下降	2028—2033	从40天到10天	再降10%以上	三万亿

1.流量推动阶段

这个阶段，推动社区团购市场发展的主要力量是流量的增加。这个阶段的前半段主要是团长人数的增加带动整体流量增加，后半段主要是互联网巨头的主站流量导入带动整体流量继续增加。

2015年前后，微信群和微信支付的普及，使得组织电商流量的门槛大幅降低了，于是就出现了大量的团长做社区团购。这个时期，社区团购主要是分散的、零星的销售，规模很小。

2017年之后，专业的社区团购公司登上舞台，帮助团长组织商品，团长的规模随之迅速增长。团长越多，流量就越多，对商品的需求就越大。所以团长数量的增加就是这个阶段推动市场发展的主要因素。到2019年，团长的数量已经接近上限，社区团购的日订单量达到了千万量级。

2020年前后，以美团、拼多多、阿里为代表的互联网巨头大举入场社区团购。这些巨头本身就拥有巨大的流量。通过利用它们的主站给社区团购业务导流，使得它们的社区团购业务的流量成本大幅低于一般的社区团购公司。互联网巨头的入场，一方面降低了社区团购业态的流量成本，一方面扩大了社区团购业态的流量规模。到2021年底，我国每天大约已经有一亿人次通过社区团购购物。

我们要注意到，这个时期的社区团购业务虽然带来了流通效率的大幅提升，但是并没有带来流通成本的大幅下降。

首先从流通效率的角度看，一般的快消品通过在零售企业（如超市便利店等）要停留35天左右才能到达顾客手上，而在社区团购公司仅仅需要停留1天。这些商品的流通效率确实大幅提升了。

其次从流通成本看，一般快消品在超市的流通成本大约在20%，包括场租、工资、损耗等，但是这些商品在社区团购平台流通成本也在20%左右，包括团长佣金、仓储分拣、物流配送等。这导致成本控制能力差的团购平台不补贴就没有价格优势，补贴了就要亏钱。流量越大，亏损越大，这样的情况是不可持续的，所以市场会过渡到第二阶段。

2.流通推动阶段

这一阶段市场进化的基础逻辑是零售环节流通成本下降和效率提升，带来顾客购买的增加。

第一阶段向第二阶段的转折点是美团撤城。2022年4月底，美团撤出了西北四省及北京市场，美团撤城的原因是短期内不能盈利，说明美团已经把关注点从扩规模转移到了控成本。这里补充说一下为什么美团比拼多多先收缩？

一是美团优选的成本比多多买菜高。首先由于拼多多做零售的时间比美团长，业务管的更顺手。其次拼多多的主站流量主要在下沉市场，与现在的社区团购人群重叠度高；而美团的主站流量主要在高线城市，与现在的社区团购顾客群体重叠度比较低，所以多多卖菜的流量成本要比美团优选低一些。

二是美团的主营业务没有拼多多赚钱，拼多多是靠卖电商流量赚钱的，毛利率高；而美团主要靠送外卖赚钱，扣除骑手的成本，利润所剩无几。

美团撤城只是发生在流量驱动阶段向流通驱动阶段转换的一个必然现象，不必过度解读。也不排除在美团的流量成本优化之后，再重新进入这些城市的可能。

在第二阶段，两类主体向两个方向演进。社区团购平台已经具备了效率优势，接下来通过精细化运营把效率优势真正转化为成本优势；实体零售企业具备一定的成本优势，比如仓配成本，接下来需要通过引入预售机制，提升自己的流通效率。

社区团购平台比较彻底地执行了"预售+自提"的机制，把自己的库存周转天数控制在1天左右，大幅提升了流通效率。效率的提升为降本提供了可能，但是效率提升并不带来成本下降，而是要辅以一定的条件。首先是基础设施的建设，其次是精细化运营。

资本团虽然具备了一定的基础设施，但是"共享仓+中心仓+网格仓+社会化自提点"的四级仓配模式还有较大的论证、优化空间：

（1）先入共享仓再销售的模式，门槛比较高，不利于短保质期商品和消费频度比较低的商品销售。

（2）社会化提货点的服务质量和服务能力还不能满足多种类、大批量的商品交付需求。

（3）提货点效率提升后，网格仓环节是否需要保留。

线下实体连锁便利店的仓配模型是"城市中心仓+门店终端"的两级模型，这个模型的仓配成本大约是3%，而社区团购平台的仓配成本在10%左右。

以连锁超市和连锁便利店为代表的实体零售企业，天然地具备低成本的硬件条件：仓库可以直接接收和分拣社区团购的商品、门店可以作为标准化的提货点。但是我们也要注意到实体零售企业的库存周转天数大约是35天，比社区团购平台落后很多。接下来需要通过引入预售的机制把效率提升起来，让低成本的优势更大地发挥作用。

总而言之，团购平台有效率优势，但是成本太高，接下来的核心任务是降成本；实体店有成本优势，但是效率太低，接下来的核心任务是引入预售机制提效率。这两件事情都不容易，没有个三五年的时间完不成。在这个过程中，社区团购"出货快，加价率低"的特征会越来越明显，吸引更多的供应商和顾客，从而推动市场规模的持续扩张。

目前的时点处于第一阶段向第二阶段转折期。一方面大规模流量/资本涌入的过程结束了，一些过激的市场行为需要在这个阶段修正。另一方面运营改进刚刚开始，运营改进本就是一个细工慢活，不太容易被外界看到，所以很多人就看不见曙光，产生了悲观情绪。

现在回头看，资本团烧钱扩张，有其不合理的地方，但是确实在客观上推动了社区团购市场的发展，是有其积极意义的。事物的另一面，有很多实体零售企业也在2021年前后放弃了社区团购业务。一个事物在发展过程中，总是左倾或者右倾的。左倾和右倾不断转化的过程，也是推动事物发展的过程。

眼下，地方团的生存环境是比较好的。一方面地方团的成本优势比资本团好；另一方面地方团的效率优势比本地的实体零售企业好。这段时间，地方团可以通过以下策略扩张：①在经济配送半径内开拓团点。②与本地连锁店合作，利用连锁店的网络拓展业务。③扩张SKU。④提货点的标准化建设。最后两点是容易被地方团忽略的，这两点决定了地方团能不能在几年后升级成一个正轨的、长期生存的零售企业，或者说能不能从游击队成长为正规军。

在第二阶段，零售环节的流通成本将逐步下降到10%左右，伴随这个过程，交易规模增加到一万亿以上。这个过程至少要三五年的时间。零售环节的流通成本降低到10%之后，再降的空间就很小了，需要有新的动力来继续推动市场发展。

3.生产推动阶段

这一阶段推动社区团购市场继续增长的主要动力是生产商的提效降本。

由于社区团购业务是全程在线化、数字化的，最终会实现全面的网络化。厂家只要接入这个网络，就可以根据网络里的数据安排生产和配送，无效生产和无效物流将减少。越来越多的厂家到这个网络里开展业务，从而推动社区团购市场的第三波增长。

中国快消品的流通效率大致是从厂家出库后，70天到顾客手上。其中一个月左右在经销商库房，一个月左右在零售企业卖场，在路上还有几天的时间。第一阶段、第二阶段的主要任务是把在零售企业卖场的一个月左右的时间压减成一天左右。第三个阶段的主要目标是把原来在经销商库房的一个月左右的时间压减掉。有两种可能的路径：

　　一是零售企业大量预售厂家的库存（而非经销商的库存），厂家把库存甚至产能提报给零售企业，零售企业组织预售后，厂家根据预售量安排生产/发货到零售企业仓库。这样做，价格优势是比较明显的，但是顾客等待的时间会比较长，我们称之为长周期预售。

　　二是建立在零售大数据的积累上，当大数据已经可以比较精确地预计商品的销量，是否预售就不重要了。厂家可以根据预估的销量备货到零售企业库房，从而减少顾客等待的时间。

　　第三波增长的一个直观体现是社区团购场景下可售SKU数量的持续、快速的增长。与之同时发生的是去经销商化。经销商的价值是平衡厂家生产速度和零售商销售速度的差异，随着快消品流通的全面数字化，这个差异会越来越小，所以经销商的生存空间就会被挤压。厂家与零售企业直接交易的比例也将随之逐步扩大。

虽然厂家对搬货、仓库、垫资的需求会减少，但是对服务的需求却会增加，尤其是线上营销服务，这一点需要经销商注意。

从整体看，社区团购是互联网技术在快消品行业的深度应用。从消费端开始，逐步传导到流通端，再传导到生产端，最终把整个过程数字化，并用数字化优化、重构快消品的产销配过程，形成一个产业互联网的分支—快消品互联网。

有的读者可能还记得笔者在《第三种零售》里的那篇同名的文章《社区团购三个发展阶段的划分》，现在看，那篇文章的基本分析思路是对的，但是第一没有预测到互联网巨头激进入场，第二低估了实体零售企业学习预售的难度，过于乐观地估计了市场演进的速度。特以此文修正。

后　记

....

　　硬折扣是我们从零售大国到零售强国的关键一步。

　　从企业的角度看，能穿过经济低谷期的零售企业才能真正成熟；从行业的角度看，经历过经济周期洗礼后，才能真正强大。

　　中国制造已经很强了，而中国零售还比较弱。从成本上看，我国的商品制造成本已经比较低了，但是流通成本还是比较高的。体现在有些国产商品在国内卖得比国外都贵；体现在在下沉市场，大量的好商品还是沉不下去；体现在很多品类上，品牌溢价过高的问题严重。

这些问题，在消费高速增长的历史阶段是不会被重视、难以被解决的。过去20多年，中国的零售行业就如同被营养剂迅速催大的巨婴，大而不强。而现在，我们正好能沉下心来，用硬折扣的方法，一一解决这些问题。

如果我们用十年左右的时间，完成中国零售的硬折扣改造，在"低成本制造+低成本流通"的双重优势的加持下，中国的商业必将具有更强的国际竞争力。

愿与中国零售同仁共勉。

是为后记!

2024年春